Richard Wagner

Dix écrits
de Richard Wagner

UltraLetters Publishing

Titre: Dix écrits

Auteur: Richard Wagner

Première publication: 1898

Traduction: Henri Silège

ISBN: 978-2-930718-38-5

© 2013 UltraLetters.

www.UltraLetters.com

UltraLetters Publishing, Brussels.
contact@UltraLetters.com

Table des matières

AVANT-PROPOS	5
DE LA MUSIQUE ALLEMANDE	14
« STABAT MATER », DE PERGOLÈSE	28
DU MÉTIER DE VIRTUOSE	32
UNE VISITE À BEETHOVEN	40
DE L'OUVERTURE	58
UN MUSICIEN ÉTRANGER À PARIS	68
LE MUSICIEN ET LA PUBLICITÉ	87
LE « FREISCHÜTZ »	89
UNE SOIRÉE HEUREUSE	99
HALÉVY ET « LA REINE DE CHYPRE »	108

Richard Wagner en 1871.

AVANT-PROPOS

La France traverse actuellement une période d'élaboration. De toutes parts, éclatent les singuliers et profonds changements qui s'opèrent dans les manières de penser, comme aussi les tendances à jeter les bases de nouvelles croyances. Et c'est, pour tout être pensif, un émouvant et magnifique spectacle que de voir l'élite du pays travailler avec vigueur, fermeté et constance à l'instauration de notre Science et de notre Art futurs.

Est-elle prochaine la solution résultante de ces nobles efforts? Oui, semble-t-il. Ce qui le fait présager, c'est d'abord la nouvelle conception du monde que nous commençons à avoir; c'est ensuite l'accumulation des matériaux propres à édifier un Art original et vraiment national.

Parmi ces matériaux, il en est un dont l'importance est extrême: l'Art de Richard Wagner. Dans sa *Littérature de tout à l'heure*, M. Ch. Morice a écrit: «...Inutile aussi d'affirmer de quel précieux et grave poids la pensée wagnérienne pèse et toujours plus pèsera, féconde, sur les esprits engagés dans la voie lumineuse.» Sur ce point, je partage entièrement l'opinion de cet éloquent et érudit écrivain; je crois que les œuvres poétiques, musicales et théoriques du Maître auront une influence de plus en plus salutaire sur les productions de nos artistes. Au reste, cette influence, chacun a déjà pu la constater en littérature et en musique. Je me bornerai à citer Charles Baudelaire, J. K. Huysmans, Stéphane Mallarmé, Catulle Mendès, Paul Verlaine, Villiers de l'Isle Adam, Georges Bizet, Alfred Bruneau, Camille Erlanger, César Franck, Vincent d'Indy, tous poètes, tous révélateurs de l'Idéal,

> ...l'Idéal cette amour insensée,
> Qui sur tous les amours plane éternellement!

Par une incroyable bizarrerie, il est arrivé que le public français possède sur les écrits de Wagner des centaines, que dis-je?... des milliers d'amples commentaires, d'inintelligibles gloses, d'interminables exégèses, de savantissimes dissertations, tandis que ces écrits eux-mêmes — pourtant, qu'est-ce qui importe davantage? — il les ignore pour la plupart, faute de traductions. C'est le cas plus que jamais d'alléguer l'apophtegme de Montaigne: « Le monde regorge de commentaires, mais d'auteurs, il en est grand chierté. »

MM. Camille Benoit, Charles Nuitter, Maurice Kufferath et principalement Louis-Pilate de Brinn Gaubast ont combattu ce mal magnifiquement. Affligé, à l'instar de ces vulgarisateurs, de la grande pénurie des textes wagnériens, j'ai ambitionné comme eux de la faire cesser. Aussi, avant de publier les esquisses dramatiques du Poète-Musicien, que j'ai traduites, ai-je voulu ressusciter les articles naïfs et malins, légers et profonds, toujours extrêmement remarquables, qu'il écrivit de 1840 à 1842, pendant son premier séjour en France, pour la *Revue et Gazette musicale de Paris*.

La disparition, dès 1881, de la *Gazette musicale* a rendu rarissime, sinon introuvable, la collection des numéros de cette publication. Depuis longtemps, d'enthousiastes amis, qui m'en savaient possesseur, m'avaient incité à faire revivre ces belles pages. J'ai enfin cédé à leurs sollicitations, fermement convaincu de l'utilité d'une telle vulgarisation, encouragé d'ailleurs dans cette tâche par l'amène bienveillance de Mme Wagner à qui j'adresse ici mes infinis remerciements.

Humble déterreur d'articles, mon unique but, en faisant paraître ce livre, a donc été — je tiens à cette déclaration — de jeter un vif rayon de soleil sur l'admirable, grandiose et dominatrice figure d'un surhumain, dont plusieurs linéaments sont encore obscurs, et de contribuer, certes indirectement, mais de contribuer cependant à l'édification du futur Art français.

Il existe d'innombrables biographies du maître de Bayreuth. Retracer sa vie de 1839 à 1842 serait donc tout à fait superflu. Je m'attacherai simplement à énumérer en bref certains faits cardinaux, indispensables à la nette compréhension de ce volume.

Désireux de se mêler au monde artistique, de courir fortune et d'acquérir de la gloire, Wagner, ayant abandonné ses fonctions de premier *Musikdirector* du théâtre de Riga, arriva à Paris, au mois de septembre 1839, avec sa jeune et vénuste[1] femme, Wilhelmine Planer, et un magnifique terre-neuve obéissant au nom de Robber. « Absolument sans ressources et avec une connaissance à peine suffisante de la langue française »[2], mais le cœur gonflé d'espérance, il s'installa dans une maison pauvrement meublée de la rue de la Tonnellerie. La *Défense d'aimer* et les deux premiers actes de *Rienzi* composaient son bagage musical. Grâce aux lettres de recommandation de Meyerbeer avec qui il avait contracté amitié à Boulogne-sur-Mer, le nouveau venu entra sur l'heure en liaison avec Anténor Jolly, directeur de la Renaissance, Léon Pillet, directeur de l'Opéra, Habeneck et l'éditeur Schlesinger. Il reçut même de ces hommes

---

[1] (rare) Belle, gracieuse, élégante (NDE).
[2] *L'Œuvre et la Mission de ma Vie* (traduction de M. Edmond Hippeau) Paris. Dentu, 1884, p. 41.

puissants l'accueil qu'on devait au protégé de l'illustre compositeur dont les œuvres, en ce temps-là, possédaient avec despotisme le public. Il offrit aussitôt sa *Défense d'aimer* au théâtre de la Renaissance. L'opéra fut accepté, et Dumersan, le vaudevilliste à l'imagination si féconde, fut chargé d'en faire la traduction et l'arrangement. Par conséquent, tout s'annonçait sous les plus heureux auspices et « promettait le meilleur succès[3] ». Wagner était ravi au troisième ciel. Certain de la réussite de son ouvrage, il quitta le pauvre quartier des Halles et vint se loger dans un agréable et confortable appartement au numéro 25 de la rue du Helder. Sa joie n'y fut pas de longue durée. C'est là qu'il devait éprouver de grandes, amères et cruelles déceptions. Quelques semaines changèrent son état d'âme. Un beau matin, alors que la première représentation de la *Défense d'aimer* était prochaine, le théâtre de la Renaissance fit faillite. Les fâcheux événements dont le noble ambitieux allait sentir toute l'amertume et tout le déboire prenaient commencement.

Pendant l'hiver de 1839 à 1840, Wagner, avide de cette renommée qu'avaient remportée avec leurs *mélodies* Schubert et Mme Loïsa Puget, rechercha la célébrité que donne la société aristocratique. Il mit en musique *Dors mon Enfant*, *l'Attente* de Victor Hugo, les *Deux Grenadiers de Henri Heine* et *Mignonne de Ronsard*, qui parut dans la Gazette musicale. Le but qu'il visait, il ne put l'atteindre: les Duprez et les Rubini, « ces héros du chant si vantés »[4], ces Capouls de l'époque, se soucièrent bien de révéler dans les salons mondains les compositions du naïf étranger! Du reste, cette musique n'était point faite pour les « bouches en cœur, bouches à roulades, à points d'orgue pâmés », comme dirait M. Émile de Saint-Auban.

Wagner entra donc dans l'été de 1840 « complètement dénué de toute perspective prochaine[5]. Mais il n'était pas homme à se laisser facilement déconcerter, et l'inanité de tous ses efforts pour essayer de réussir dans ses hardis desseins ne put rompre le fil de ses projets. Se vouant pendant quelque temps à une retraite volontaire, il résolut de terminer son *Rienzi* et de l'offrir sans retard au théâtre royal de Dresde. Cette réclusion, qui l'empêcha de travailler pour le lucre, le précipita naturellement dans un abîme de malheurs. « Des soucis de diverses sortes, une misère noire tourmentèrent ma vie à cette époque » s'écrie-t-il dans son *Esquisse autobiographique*[6]. Effectivement il était à ce moment-là dans un affreux dénuement. Les meubles qu'il avait achetés à crédit, escomptant le succès de sa *Défense d'aimer*, il ne pouvait les payer, et

---

[3] Richard Wagner, *Souvenirs* (traduction de M. Camille Benoit) Paris, G. Charpentier et Cie, éditeurs, 1884. — p. 35.
[4] *Souvenirs*, p. 37.
[5] *Souvenirs*, p. 36.
[6] *Id.*, p. 40.

les créanciers le poursuivaient sans trêve. Dans sa détresse, il interrompit momentanément son travail pour se rabaisser jusqu'à mettre en musique un vaudeville de Dumersan et Dupeuty: la *Descente de la Courtille*. Un nouvel et dur insuccès fut le prix de ses peines: proh pudor! les chœurs des *Variétés* déclarèrent que cette musique était inexécutablement écrite. Près de mourir de faim, il essaya alors de se faire engager comme choriste dans un théâtre nain du boulevard! Cette ultime et désespérée tentative fut vaine.

Heureusement, Meyerbeer arriva à Paris et s'informa de Wagner. Il vit en pitié les insurmontables malheurs de son protégé, et, prenant chaudement ses intérêts, le recommanda à Léon Pillet qui ralluma une vive espérance dans le cœur de l'infortuné en lui promettant de faire représenter un opéra en deux ou trois actes da sa composition. Meyerbeer quitta Paris sur ces entrefaites. Sans délai, Wagner écrivit le canevas du *Hollandais volant*, et le soumit au directeur du Grand Opéra. Celui-ci, enthousiasmé par la lecture du scénario, fit une offre à son auteur: il lui proposa de lui acheter son sujet de drame pour le donner à Dietsch, le chef d'orchestre de l'Académie royale de musique. Il lui annonça en même temps qu'il ne pourrait accepter aucun opéra avant quatre ans, engagé qu'il était par les promesses faites à de nombreux candidats. Le jeune artiste, qui entrevoyait la fin du voyage de Meyerbeer, rejeta la proposition de Pillet et demanda l'ajournement de la question.

Pendant ce temps, Wagner fut exhorté par Maurice Schlesinger à écrire quelques articles pour la *Revue et Gazette musicale de Paris*. Il publia à cette intention les critiques, les nouvelles, les caprices esthétiques, les comptes-rendus et les fantaisies qui composent le présent livre. Ces écrits contribuèrent puissamment à le tirer de l'obscurité où il avait vécu jusque-là. *Une visite à Beethoven* et *Un musicien étranger à Paris* plurent extrêmement à Heine. Berlioz leur décerna de justes et enthousiastes éloges dans le *Journal des Débats*.

Tout en écrivant des articles, soit pour la *Gazette musicale*, soit pour les revues allemandes, l'*Abendzeitung* de Dresde, la *Neue Zeitschrift für Musik* de Schumann, l'*Europe* d'Auguste Lewald, où il publiait les *Fatalités parisiennes pour un Allemand* et les *Amusements parisiens* sous le pseudonyme de Freudenfeuer — Feu de joie — Wagner travaillait jour et nuit à son *Rienzi*. La partition de cet opéra fut parachevée le 19 novembre 1840.

Cette date marque l'apogée des souffrances que Wagner éprouva à Paris. Jamais artiste ne tomba dans une plus générale et plus extrême détresse. Non seulement il devait régler ses goûts, mais encore se contraindre à descendre aux misérables détails de la vie matérielle. Il était en proie aux chagrins domestiques, et les plaintes amères que le manque des choses nécessaires arrachait à Wilhelmine Planer l'attristaient sans cesse. Le vol de son fidèle et caressant terre-neuve avait achevé de faire le vide dans sa maison. Une seule fiche de consolation lui restait: c'était de pouvoir promener son inquiétude au milieu d'un monde qui lui était étranger. La gloire, de son côté, n'avait pas été prodigue de consolations. L'ouverture composée pendant l'hiver de 1839 à 1840 pour la première partie du *Faust* de Goethe, il l'avait vu rayer du programme des Concerts du Conservatoire. Celle de *Christophe Colomb*, exécutée dans un concert offert à ses abonnés par la *Gazette musicale*, n'avait pu être justement appréciée: les cuivres avaient joué faux sans discontinuer. Quant à l'ouverture de *Polonia*, présentée à Duvinage, chef d'orchestre du théâtre de la Renaissance, pour être révélée à la représentation de gala donnée par la princesse Czartoryska au bénéfice des Polonais sans travail, elle n'avait même pas reçu les honneurs de l'examen. Ses autres œuvres, romances et opéras, n'avaient pas eu plus de succès. Ainsi toutes ses espérances avaient été trompées.

Une telle adversité n'abattit point Wagner. Obligé, pour se procurer du pain, de se livrer aux « travaux les plus rebutants »[7], il réduisit pour piano et chant la *Favorite* de Donizetti et fit des arrangements sur des opéras comme l'*Elisire d'Amore*, la *Favorite*, le *Guittarero*, les *Huguenots*, la *Reine de Chypre*, *Robert le Diable*, *Zanetta*, etc. Il a écrit sur ce point, dans son *Esquisse autobiographique*, les lignes suivantes si empreintes de tristesse: « Il était heureux que mon opéra fût terminé, car je me vis forcé de renoncer pour longtemps à l'exercice de tout ce qui était art; je dus entreprendre au service de Schlesinger des *arrangements* pour tous les instruments du monde, même pour *cornet à pistons*; à ce prix, je trouvai à ma situation un léger adoucissement. Je passai donc l'hiver de 1841 de la façon la moins glorieuse »[8]. A l'arrivée des beaux jours, décidé à reprendre un travail intellectuel, Wagner se retira à Meudon. Là, il ne tarda pas à apprendre que son esquisse du *Hollandais volant* avait été développée par le poète Paul Fouché. Craignant d'en être frustré, qui plus est, averti par ses infructueux essais qu'il lui serait désormais impossible d'écrire un opéra susceptible d'être représenté à Paris, il consentit à la céder à Pillet pour cinq cents francs. Le marché conclu, il traita son sujet en vers allemands et travailla sans désemparer. En sept semaines — temps incroyablement court — il composa, sauf l'ouverture, tout l'opéra au *Hollandais volant* et s'empressa d'en envoyer la partition à Meyerbeer. Arrivé à ses fins, il revint à Paris et se logea au numéro 14 de la rue Jacob, toujours poursuivi par la mauvaise fortune. Au loin, par bonheur, son *Rienzi* avait fini par trouver faveur à l'Opéra de Dresde, et le théâtre royal de Berlin avait promis de monter sa nouvelle œuvre. A cette

---

[7] *L'Œuvre et la Mission de ma Vie*, p. 41.
[8] *Souvenirs*, pp. 43 et 44.

heure, aucune raison ne militait pour un plus long séjour en France. Aussi ne songea-t-il qu'à amasser quelque peu d'argent et à retourner en Allemagne. Il se mit en route le 7 avril 1842. « Pour la première fois, dit-il lui-même, je vis le Rhin...; les yeux mouillés de claires larmes, je jurai, pauvre musicien, une fidélité éternelle à ma patrie allemande. »[9].

On peut, pour faciliter un bref examen, diviser les articles qui nous occupent en nouvelles littéraires et en cri- tiques musicales.

Les deux nouvelles intitulées *Une Visite à Beethoven* et *Un Musicien étranger à Paris* présentent un multiple intérêt. Ce ne sont pas seulement des relations circonstanciées d'événements capables de fixer l'attention, d'exciter la curiosité; ce sont aussi des pièces de caractère et des peintures de mœurs vives et vigoureuses où une délicate raillerie, qui n'offense jamais, divertit toujours. Ces ouvrages constituent des documents autobiographiques qui exerceront indubitablement une immense séduction sur tous les wagnéristes et qui devront être consultés par les futurs psychologues, révélateurs de l'âme du maître de Bayreuth, car il y fait avec une touche énergique, colorée et poétique le récit des expériences qu'il tenta pour se produire et des longues souffrances qu'il éprouva dans ce resplendissant Paris, béante gueule toujours prête à dévorer l'artiste pauvre. Ces productions renferment en outre des aperçus très fins, des vues profondes sur la métaphysique de la musique. Elles contiennent un grand nombre d'idées géniales qui, en 1841, ont pu paraître confuses, paradoxales et fausses, mais qui, aujourd'hui, sont comme les bases de l'art musical. Finalement, on rencontre dans ces écrits la profession de foi de Wagner; on y voit les transports d'admiration excités en lui par les saintes et sublimes œuvres des héros-musiciens. Et il est telles pages de ces deux petits chefs-d'œuvre, qui sont peut-être le plus superbe monument élevé à la gloire de Beethoven.

Ces nouvelles sont propres à impressionner, à empoigner, parce qu'elles sont enveloppées d'une grande tristesse, et qu'elles crient le cruel chagrin d'un cœur malade et ulcéré. Néanmoins, une riche imagination, une extraordinaire grandeur d'âme s'y manifestent puissamment. C'est donc, tout ensemble, de l'amertume, de la raillerie et de l'enthousiasme. Par là le Poète-Musicien se révèle écrivain ingénieux, spirituel, mordant et original.

Il sied de voir enfin Wagner jouer le rôle d'observateur. Les jugements formulés par le Maître dans maint article de la *Gazette musicale* rendent témoignage qu'il eut l'esprit de critique. Il posséda toutes les qualités indispensables à un censeur. Il sait, en effet, parfaitement discerner les défauts et les beautés renfermés dans les ouvrages qu'il étudie. Il excelle à distinguer l'essentiel de

---

[9] Id., p. 47.

l'inessentiel, à débrouiller son sujet, ou pour apercevoir ce qu'il contient de défectueux, d'imparfait, ou pour parvenir à la partie cardinale qu'il traite ex-professo. Il est l'homme érudit, à l'esprit vigoureux et au cœur généreux, qui juge en grand, avec noblesse, faisant, quand bon lui semble, connaître lumineusement sa pensée; l'homme enthousiaste qui croit à la sainteté de la musique; l'homme juste qui demeure toujours ferme dans sa voie. Aussi bien sa critique est-elle, en dernière analyse, judicieuse, éclairée, savante et profonde. Il est vraiment, pour parler comme Balzac, « un censeur et un magistrat des idées ».

On peut faire dater de l'apparition de ces écrits, apparition qui coïncide d'ailleurs — nous l'avons vu — avec la naissance du *Hollandais volant*, la formation de l'art wagnérien. À partir de cette époque, Wagner est nettement réformateur; il s'engage dans un chemin dont il ne doit plus s'écarter.

Des causes intérieures et des causes extérieures amenèrent cet événement. Je n'ai pas à les énumérer ici. Cependant je dois en citer quelques-unes qui montrent particulièrement l'influence exercée sur la pensée du Poète-Musicien par son séjour à Paris.

En arrivant dans le « centre de la vie moderne »[10], Wagner fut enthousiasmé par les prestiges de l'Académie royale de musique. « Les représentations du Grand Opéra, lit-on dans la *Lettre à Frédéric Villot*, la perfection de l'exécution musicale et de la mise en scène, ne pouvaient manquer de produire sur moi une impression d'éblouissement et de m'enflammer »[11]. Mais ses opinions se modifièrent bientôt par suite de sérieuses et mûres réflexions. Il étudia les opéras importés en France par l'Italie, et s'aperçut qu'ils ne se soutenaient que par artifice. Les virtuoses italiens, bouffis d'un fol et insupportable orgueil, insouciants des œuvres qu'ils interprétaient et qu'ils clinquantaient à l'envi, contribuèrent puissamment à le dégoûter de ces produits exotiques. Les compositions françaises ne le satisfirent pas davantage. Il vit que les « *lions* de la musique »[12], comme Auber et Halévy, oubliaient souvent de marcher résolument à leur but idéal, pour flatter le goût du public, détenteur de la renommée. Il remarqua notamment que le « conventionalisme antiartistique »[13] régnait despotiquement sur notre première scène lyrique où l'on jouait des ouvrages d'art pour la plupart « mesquins et artificiels »[14]. « Le Grand Opéra,

---

[10] *L'Œuvre et la Mission de ma Vie*, p. 39.
[11] *Quatre Poèmes d'Opéras* (traduction Charles Nuitter) et précédés d'une Lettre sur la Musique, par RICHARD WAGNER (traduction Challemel-Lacour); nouvelle édition Paris, Durand et Calmann-Lévy, 1893. — p. xx.
[12] *Souvenirs*, p. 36.
[13] *L'Œuvre et la Mission de ma Vie*, p. 41.
[14] Id., id.

nota-t-il pi us tard, me laissa tout à fait mécontent par l'absence de tout esprit supérieur dans ses interprétations: je trouvai tout commun et médiocre. La *mise en scène* et les décors, je le dis franchement, sont ce que je préfère dans toute l'Académie royale de musique »[15].

Au milieu de ce monde frivole et vain, Wagner sentit — chose étrange! — s'épanouir dans son âme les fleurs de l'Idéal. Au Grand Opéra qui, par aventure, avait pu échapper aux fortes et terribles étreintes de la Routine, il avait assisté à d'excellentes et lumineuses représentations du *Freischütz*[16]. Indépendamment de cela, il avait entendu, « sous l'admirable direction d'Habeneck, au Conservatoire, des exécutions réellement parfaites des symphonies de Beethoven »[17], de la *Symphonie avec chœurs*, principalement[18], exécutions qui le transportèrent et l'initièrent « aux merveilleux mystères de l'art véritable »[19]. Ces auditions furent, pour lui, fécondes en enseignements. Weber et Beethoven lui apprirent à dédaigner l'opéra italien ainsi que l'opéra français et à se laisser guider à la gloire par la nouvelle et brillante étoile qu'il venait d'apercevoir dans le ciel, du côté de l'Allemagne. À l'avenir, il ne pouvait plus s'écarter de sa route. Il avait longuement réfléchi sur son art: ses idées étaient claires, distinctes, bien déterminées, bien ordonnées; le Drame-Musical-Poétique-et-Plastique, pour employer la juste et précise expression de M. Louis-Pilate de Brinn'Gaubast, était déjà ébauché dans son cerveau. Les articles de la *Gazette musicale* sont les premières manifestations d'un naissant génie conscient de ses forces.

En résumé, une personnalité énergique, hardie, originale éclate dans ces écrits. Ils dénotent un jeune héros qui a rêvé sur la destinée de l'Art, qui aspire à s'affranchir du joug de la tradition, et songe à un brillant et glorieux avenir. Ils sont prophétiques. Ils sont comme l'embryon des grandes œuvres théoriques: l'*Art et la Révolution*, l'*Œuvre d'Art de l'Avenir*, *Opéra et Drame*. Indispensables à qui souhaite connaître la genèse de la pensée wagnérienne, ils sont utiles à la compréhension des œuvres dramatiques et des œuvres musicales du Maître.

Ces articles ont été traduits par Duesberg, préposé à la *Gazette musicale* pour la correspondance allemande[20]. Hormis un, la *Revue critique sur le* « *Stabat*

---

[15] *Souvenirs*, pp. 37-38.
[16] La première représentation du *Freischütz*, à l'Académie royale de musique, eut lieu le 7 juin 1841.
[17] *L'Œuvre et la Mission de ma Vie*, p. 42.
[18] La *Neuvième symphonie* fut exécutée au Conservatoire le 8 mars 1840, le 2 mars 1841 et le 9 janvier 1842.
[19] *Souvenirs*, p. 39.
[20] De la Musique Allemande 1840... n°[s] 44 et 46.
« Stabat Mater » de Pergolèse. 1840... n° 57.
Du Métier de Virtuose 1840.. n° 58.
Une Visite à Beethoven 1840.. n°[s] 65, 66, 68, 69.

Mater » de Pergolèse, rejeté par Wagner comme négligeable, ils se trouvent tous dans le premier volume des *Gesammelte Schriften und Dichtungen*. J'ai comparé le texte français au texte allemand. Duesberg a fait une traduction non pas servile, littérale, mais généralement fidèle. Il a gardé un juste milieu entre la licence du commentaire et la servitude de la lettre. Il ne s'est donc pas départi de la règle qui exige que la fidélité de l'interprétation soit la première condition de toute bonne traduction. Quant à son style, il m'a paru parfois quelque peu lourd, asymétrique et négligé. La construction de la phrase allemande a communiqué momentanément à la phrase française un mouvement douteux. Mais cela arrive rarement. Somme toute, le style de Duesberg est d'ordinaire naturel et facile, très souvent même élégant et élevé. Toujours, la pensée wagnérienne est décemment exprimée. C'est l'essentiel.

Voilà les motifs qui m'ont déterminé à livrer ces écrits au public qui, sans la présente exhumation, était menacé de les ignorer peut-être pendant de longues années encore. Il ne me reste qu'à formuler un ardent souhait. Puisse ce livre servir le progrès, et contribuer à la connaissance du « dominateur de ce siècle », du « dieu Richard Wagner » qui donne à l'âme humaine contemporaine le pain spirituel dont parle Racine :

> Le pain que je vous propose
> Sert aux anges d'aliment ;
> Dieu lui-même le compose,
> De la fleur de son froment...!

Henri Silège

Juillet 1898.

De l'Ouverture 1841... n°s 3, 4, 5.
Un Musicien étranger à Paris... 1841... n°s 9, 11, 12.
Le Musicien et la Publicité.... 1841... n° 26.
Le Freischütz. . 1841... n°s 34, 35.
Une Soirée heureuse... 1841... n°s 56, 58.
Halévy et la « Reine de Chypre » 1842... n°s 9, 11, 17, 18.

De la musique allemande

Grâce soit rendue au zèle et au talent des artistes distingués qui se sont chargés de la noble tâche de familiariser le public parisien avec les chefs-d'œuvre de nos compositeurs; chefs-d'œuvre dont, comme il fallait s'y attendre, l'exécution irréprochable a provoqué l'enthousiasme des auditeurs. Félicitons-nous donc de voir s'abaisser des barrières que l'essentielle diversité des nations maintiendra peut-être à tout jamais, mais devant lesquelles du moins l'art devrait toujours passer en franchise. Il faut pourtant convenir qu'en France les productions étrangères trouvent des juges moins indulgents et des préventions plus défavorables qu'en Allemagne, où l'on s'éprend d'une réputation ou d'un ouvrage exotique avec plus d'ardeur que n'en comporte une véritable indépendance d'esprit. La différence consiste en ce que l'Allemand, dénué de l'ingéniosité qui crée ou modifie la mode, accueille toutefois spontanément et sans réserve celles qu'on importe dans sa patrie, et, dans cette occurrence, il sacrifie aveuglément à l'influence étrangère son instinct et son discernement personnel. Mais c'est un reproche qui ne s'adresse qu'à la masse de nos compatriotes; car il arrive au contraire que, révoltés de cette condescendance générale, nos artistes de profession prennent le contre-pied trop direct de l'opinion vulgaire, et, par un excès de patriotisme condamnable, méritent d'être taxés par les étrangers de partialité et d'injustice. C'est tout le contraire en France. La masse du public y est parfaitement contente des productions nationales, et n'a pas la moindre velléité de perfectionner son goût en s'initiant à un autre style; mais la classe distinguée est d'autant plus portée à faire un accueil bénévole aux musiciens étrangers, et à payer à toute production remarquable un juste tribut d'admiration.

Une preuve incontestable de notre assertion est dans le succès brillant obtenu par les exécutions de nos œuvres instrumentales; mais il n'en faut pourtant pas conclure que les Français aient une intelligence parfaite de la musique allemande. Rien n'est moins avéré encore. Certes il serait déraisonnable de prétendre que l'enthousiasme excité par les symphonies de Beethoven, exécutées au Conservatoire de Paris, n'est qu'un enthousiasme affecté; mais il suffit néanmoins d'écouter les réflexions, les observations suggérées à la plupart des nouveaux auditeurs de ces chefs-d'œuvre pour se convaincre que le génie de la musique allemande est bien loin d'être apprécié par eux convenablement. Il n'est donc pas hors de propos d'entrer dans quelques développements à ce sujet afin d'éclairer la matière et les jugements qu'on en porte en sens divers.

On a répété souvent, et pour ainsi dire accepté comme un principe ce dicton comparatif: en Italie la musique est l'interprète de l'amour, en France c'est un délassement de société, en Allemagne c'est une science abstraite et sérieuse. Il serait peut-être plus rationnel d'exprimer la même pensée en ces termes: l'Italien a l'instinct du chant, le Français l'amour-propre du virtuose, mais à l'Allemand appartient le vrai sentiment de la musique. L'Allemand, en effet, a seul le droit peut-être de revendiquer le titre de musicien, car il est incontestable qu'il aime l'art musical pour l'art lui-même, à cause de sa divine essence, et non comme un moyen vulgaire d'irriter ses passions, ou comme un instrument de fortune et de considération. L'artiste allemand se consacre, se dévoue tout entier à sa vocation. Il écrit de la musique pour lui seul, ou pour un ami intime, sans se préoccuper de la publicité de son œuvre. Il est rare qu'il soit possédé de l'envie de se créer une réputation; la plupart ne se doutent même pas de la route qu'il faut suivre pour obtenir un pareil résultat, et de quels auditeurs il leur importerait de capter les suffrages.

Le sol de l'Allemagne est divisé en une infinité de monarchies, d'électorats, de duchés et de villes libres. Le musicien dont je parle habite peut-être une petite ville d'une obscure province; comment songerait-il à se fonder une renommée là où il n'existe pas même un public? Supposons pourtant qu'il soit doué d'ambition, ou dans la nécessité de mettre à profit ses connaissances musicales; il se rendra alors dans la capitale de son duché ou de sa principauté. Mais la résidence est déjà pleine de nombreux et excellents virtuoses et compositeurs, et que de difficultés pour se frayer un chemin dans la foule! Cependant il y parvient à force de travail et de persévérance. Ses ouvrages obtiennent déjà de la faveur; mais à vingt lieues de là, dans le duché voisin, nul ne connaît son nom. Que sera-ce donc s'il prétend devenir populaire en Allemagne, et comment y parviendra-t-il jamais? Il ne se rebute pas encore; mais durant cette difficile épreuve il vieillit, puis il meurt; on l'enterre, et sa popularité descend avec lui dans la tombe. Telle est à peu de chose près l'histoire de plusieurs centaines d'aspirants à la gloire musicale que chaque année voit paraître ou disparaître. Comment s'étonner après cela que la plupart de nos compatriotes renoncent de prime-abord à se créer une carrière avec la musique? On conçoit qu'ils préfèrent choisir une profession quelconque capable d'assurer leur existence, et qui leur permet de s'adonner sans souci, dans leurs instants de loisir, à cette musique qui les charme, qui les console, qui nourrit leur âme de pures émotions, mais dont le côté brillant ne tente point leur vanité. Et l'on aurait tort de penser pour cela qu'ils ne font que de la musique banale; tant s'en faut. Allez les observer, réunis dans une chambre modeste par une soirée d'hiver. Voici un père avec ses trois enfants: deux d'entre eux jouent du violon, l'autre tient l'alto, le père le violoncelle; ce que vous entendez là, rendu avec tant de précision et de sentiment, n'est pas moins qu'un quatuor composé par ce petit homme qui bat la mesure. C'est le maître d'école du village voisin, et vous ne nierez pas que son travail respire une entente exquise de l'art. Je vous le répète, prêtez à ces concerts bourgeois une oreille attentive, et vous vous sentirez ému, pénétré jusqu'au fond de l'âme; vous apprendrez à connaître la musique allemande, et vous saurez jusqu'où va le génie instinctif de cette nation. Il ne s'agit pas ici de conquérir un encouragement flatteur par tel ou tel passage brillant et mis exprès en relief. Tout ici respire la bonne foi et la sincérité, et par cela même la noblesse et l'élévation d'esprit.

Mais transportez ces musiciens admirables devant un vrai public, au milieu d'un salon d'apparat, et ils ne seront plus les mêmes; leur timidité naïve les jettera dans un embarras extrême, et la crainte de ne pouvoir répondre à l'attente des auditeurs leur donnera presque de la honte. Ils s'informeront par quels artifices on réussit à se faire applaudir, et par une honnête défiance, ils prendront à tâche d'oublier leur talent naturel, pour y substituer ces procédés artificiels dont ils avaient à peine jusque-là entendu parler. Ils s'imposeront une contrainte pénible pour sacrifier avant tout à la manie de briller; et ces mêmes voix qui chantaient le *lied* national avec une expression si touchante, se fatigueront à imiter les rapides cadences, les fioritures italiennes. Mais comment n'échoueraient-ils pas dans une lutte semblable, et quel plaisir pourraient vous causer ces maladroites tentatives, à vous qui avez entendu maintes fois les maîtres de chant exécuter dans toute leur perfection ces difficultés musicales? Nonobstant cette infériorité, ces exécutants si maladroits sont pourtant, soyez-en sûrs, les artistes par excellence, et leur âme nourrit un feu sacré mille fois plus pur et plus fécond que la flamme passagère et fantastique qui vous a si souvent éblouis dans vos pompeux salons. Ce n'est que l'excès de la modestie et un faux respect humain qui ont altéré leur nature primitive. Ceci, du reste, est le plus mauvais côté de l'histoire de la musique allemande.

L'artiste allemand a donc de graves obstacles à surmonter, tant à cause de son organisation propre que par suite de l'état politique de son pays. La nature lui a refusé cette disposition pour le chant, ou plutôt cette vocalisation pleine de souplesse et de grâce dont l'Italien est doué en naissant; et la constitution du territoire vient compliquer pour lui la difficulté de se faire un nom. Le compositeur d'opéras est réduit à se modeler sur le style et les habitudes du chant italien, et pour ainsi dire obligé de confier le soin de sa renommée à la scène étrangère, puisque sa patrie ne possède pas de théâtre national dans l'acception complète du mot. On peut affirmer, en effet, que le musicien qui donne un ouvrage à l'Opéra de Berlin restera absolument inconnu à Vienne ou à Munich, et ce n'est qu'après avoir été promulgué au-delà des frontières que son succès aura du retentissement dans les différents cantons de l'Allemagne. Autrement toutes les productions allemandes ont, partout ailleurs qu'au lieu de leur apparition, un air d'élucubration provinciale, et si cela est vrai même pour les artistes les plus distingués des grands centres de population, que sera-ce pour les modestes représentants des villes de second et de troisième ordre? Je sais bien que le vrai génie finit par triompher de tous les obstacles, mais ici ce sera presque toujours aux dépens de son indépendance nationale. Quoi qu'il en soit, le talent musical des Allemands aura toujours pour signe distinctif une certaine originalité de terroir; aussi, pour une foule de chansons exclusivement populaires en Prusse, en Autriche, en Souabe, etc., nous ne possédons pas un seul hymne national *allemand*.

Ce défaut de centralisation, tout en nous privant de ces grands ouvrages qui sont comme les trophées d'un peuple, a pourtant contribué éminemment à maintenir parmi nous le caractère intime et familier de l'art musical. Ainsi, c'est précisément peut-être à l'absence d'un centre qui ait absorbé et accaparé tout ce que l'Allemagne renferme d'éléments artistiques, grâce auxquels elle aurait pu prétendre aux succès les plus grandioses, qu'il faut attribuer la richesse particulière de chaque province où tant de musiciens, qui ne doivent rien qu'à eux-mêmes, cultivent assidûment un art qu'ils chérissent. La conséquence de cet état de choses a été l'extension générale des études musicales jusque dans les plus obscures bourgades et les plus humbles chaumières. C'est en effet une chose surprenante que la valeur des forces musicales qu'on trouve à chaque pas, en Allemagne, dans les localités les plus insignifiantes; et bien qu'il y ait souvent disette de voix pour l'exécution d'un opéra, par exemple, nulle part on ne sera embarrassé de réunir un orchestre capable de jouer des symphonies avec la plus grande perfection. Dans des villes de vingt à trente mille âmes, ce n'est plus un seul, mais trois et quatre orchestres admirablement organisés, et sans compter d'innombrables amateurs tous aussi bons, sinon meilleurs virtuoses que les artistes de profession.

Je dois pourtant vous dire plus en détail ce qu'il faut entendre par un musicien allemand. Sachez qu'il est extrêmement rare qu'un de ces artistes, fût-ce le dernier de l'orchestre, ne connaisse que la pratique d'un seul instrument. Presque tous sont d'une force égale au moins sur trois, et il en est bien peu qui ne se livrent pas en même temps à la composition, non pas seulement par routine et comme des manœuvres, mais avec une connaissance approfondie de l'harmonie et du contrepoint. Tous les membres pour ainsi dire d'un orchestre qui jouera une symphonie de Beethoven seraient en état de l'apprécier et de l'analyser avec une intelligence admirable; et c'est au point que cette unanime confiance de chacun dans ses propres forces nuit quelquefois à l'ensemble de l'exécution; car il arrive qu'entraîné par son propre élan, chacun se livre trop à ses inspirations personnelles, au détriment de l'harmonie générale.

On peut donc regarder à bon droit parmi nous les classes les plus modestes de la société comme celles où l'art musical a jeté les plus profondes racines; car le grand monde n'offre pour ainsi dire qu'un cadre plus riche et plus brillant aux productions que fait éclore un travail assidu dans ces régions inférieures et subalternes. C'est donc au sein de ces familles bourgeoises que réside vraiment la musique allemande dans sa pureté originelle, et ce n'est que là où elle s'adresse exclusivement au sentiment moral et jamais à un vain amour-propre, qu'elle est à sa véritable place. Entre les mains de ces honnêtes et naïfs artistes qui n'ont point à se préoccuper de l'opinion d'un public prévenu, l'art rejette toute affectation et toute parure d'emprunt pour se montrer dans le pur et simple appareil de la vérité. Ce n'est plus seulement ici l'oreille qu'il faut satisfaire, il faut aussi faire la part de l'âme et du cœur. L'Allemand veut non seulement sentir, mais encore penser la musique, si je puis m'exprimer ainsi; le plaisir de la sensation physique doit céder au besoin d'une satisfaction intellectuelle. Au-delà de l'impression extérieure résultant d'une combinaison musicale, l'Allemand veut en analyser le secret organique, et il recherche dans l'étude sérieuse du contrepoint la source de ces émotions si vives et si merveilleuses que lui font éprouver les œuvres des grands maîtres; il se perfectionne ainsi dans la théorie, et devient lui-même pour ainsi dire aussi habile qu'eux en fait de critique et d'appréciation musicales.

Ce besoin de jouissances musicales se transmet de père en fils, et les moyens d'y répondre deviennent une partie essentielle de l'éducation. C'est dès l'enfance, et en même temps qu'ils suivent leurs études scolastiques, que les Allemands s'initient aux principes les plus abstraits et les plus profonds de la science musicale; et aussitôt qu'ils sont en état d'exercer spontanément leur jugement et leur goût, la musique se trouve naturellement un des objets habituels de leurs pensées et de leurs réflexions. Bien loin de ne voir alors en elle qu'un instrument de distraction, ils apportent au contraire dans sa pratique le même sentiment de vénération et de piété que leur inspirent les devoirs les plus sacrés. De là cette espèce de rêverie sérieuse et mélancolique qui s'identifie pour eux avec l'exercice de cet art, et qui caractérise en Allemagne toutes ses productions.

C'est autant à cause de cette manière de sentir que par suite de l'insuffisance de son éducation vocale, que l'Allemand s'adonne de préférence à la musique instrumentale. Si nous admettons d'ailleurs que tout art possède une branche spéciale qui le représente d'une manière plus complète et plus absolue, c'est sans contredit, pour la musique, le genre instrumental. Dans les autres, en effet, l'élément primitif est toujours plus ou moins altéré par un principe secondaire, et jamais l'alliage qui en résulte ne produit, comme l'a démontré l'expérience, d'aussi brillants effets que le genre purement instrumental. Combien d'adjonctions hétérogènes et d'accessoires de toute sorte, par exemple, l'esprit ne doit-il pas apprécier à la représentation d'un opéra pour arriver à la parfaite intelligence de la pensée du compositeur? Et que de fois celui-ci n'est-il pas obligé de subordonner ses inspirations à de vulgaires détails totalement opposés à la dignité de l'art? Dans le cas extrêmement rare où toutes les parties intégrantes d'un pareil ouvrage se trouvent par bonheur conformes et analogues au mérite de la musique elle-même, j'avoue qu'on jouit alors d'un perfectionnement dont la valeur intrinsèque et le charme séducteur n'ont pas besoin d'être relevés. Mais cela même ne saurait ravir au genre instrumental proprement dit le premier rang. Car là seulement le musicien n'est assujetti à aucun sacrifice, et peut réaliser les plus sublimes inspirations de sa science; c'est le seul domaine où, indépendant de toute influence étrangère, le génie peut atteindre à l'idéal; c'est là qu'appartient sans réserve au talent l'usage de toutes les ressources de l'art, sans excursion possible au dehors

Il n'est donc pas surprenant que l'Allemand, grave et méditatif, s'adonne par prédilection au genre instrumental; car c'est celui qui répond le mieux à son penchant pour la rêverie, sans que son attention soit circonscrite sur une idée déterminée; celui qui permet à son imagination de flotter au hasard dans la vague région des pressentiments, affranchie de tout lien matériel.

Pour être initié à la compréhension de ces chefs-d'œuvre spéciaux, il ne faut ni secours étrangers, ni scène resplendissante, ni chanteurs richement rétribués, ni aucun apparat théâtral; un violon, un piano suffisent à leur manifestation magnifique et glorieuse; et tous les Allemands sont passés maîtres sur l'un ou l'autre de ces instruments. Les plus modestes résidences renferment même assez d'artistes consommés pour organiser un orchestre capable de rendre les conceptions les plus grandioses et les plus compliquées. Or, quelle réunion des produits les plus variés des autres arts équivaudrait à l'enchantement magique produit par un excellent orchestre exécutant une symphonie de Beethoven? Aucune assurément. Il n'est point de combinaison matérielle quelque riche et gracieuse qu'on la suppose, qui pût lutter avec l'illusion fantastique résultant de l'audition d'un de ces chefs-d'œuvre.

L'Allemand a donc, pour ainsi dire, des droits exclusifs sur la musique instrumentale; c'est pour lui une seconde vie, une autre nature. Et c'est peut-être à cette timidité naïve, trait distinctif du caractère national, qu'il faut attribuer chez nous l'immense développement de cette étude. C'est elle qui empêche les Allemands de faire parade de leur savoir; ils comprennent, avec un tact délicat, que ce serait outrager, renier en quelque sorte cet art révéré, si pur et si sacré à leurs yeux; que le souffle et le contact de la foule, en corrompraient certainement l'essence. L'Allemand garde donc ses extases musicales pour lui-même, ou il les confie tout au plus à ses familiers les plus intimes; et alors il s'abandonne sans scrupule à ses émotions, il donne un libre cours aux pleurs que lui arrache la joie ou la douleur, et c'est là qu'il se montre artiste dans l'acception la plus complète du mot. Si les auditeurs font défaut, il y a là un piano ou quelques autres instruments pour recevoir ses confidences. On exécute un quatuor, un trio ou une sonate, suivant le nombre des assistants, ou bien on chante à quatre voix un *Lied* national. Survient-il quelqu'un, c'est un auxiliaire de plus, et l'on attaque alors une symphonie. Et c'est ainsi que le foyer domestique en Allemagne est le trépied permanent de la musique instrumentale. Mais il est évident que de pareils exercices ne sauraient être dignement appréciés que dans un cercle restreint d'amis, et non par le public en masse. Il faut être pénétré soi-même d'une rêverie douce et sévère pour éprouver ces ravissements profonds et sublimes dont cet art récompense ses prosélytes; et cela n'adviendra jamais qu'à un musicien d'élite, et non aux oisifs du grand monde sans cesse affamés de jouissances factices; car tous ces détails merveilleux et spirituels qu'admire un auditeur moins futile, passent inaperçus aux yeux du vulgaire, qui dédaigne, comme prétentieuses ou insignifiantes, des choses qui dérivent cependant des sources les plus pures de l'art.

Nous tâcherons une autre fois de démontrer comment tous les genres de musique en Allemagne reposent sur la même base.

J'ai dit, dans l'article précédent, d'où venait la préférence que les Allemands donnent au genre instrumental sur la musique vocale; cela n'empêche pas que celle-ci n'ait reçu aussi ses développements, et, de même que l'autre, un caractère spécial que lui ont imprimé l'organisation naturelle de ce peuple et ses penchants intellectuels. Mais jamais pourtant, même dans le genre dramatique, le plus susceptible de perfection, elle n'a atteint le même degré d'élévation et d'éclat qui fait la gloire de sa rivale. C'est dans le genre sacré surtout que la musique vocale a fait ses preuves en Allemagne, et dans les églises protestantes, car le culte catholique est l'exception. L'opéra était devenu la proie du genre italien. Quant à la prédominance du protestantisme, elle s'explique encore par cette simplicité native des mœurs allemandes qui devaient bien moins sympathiser avec les cérémonies pompeuses de la liturgie catholique, qu'avec les modestes pratiques de la religion réformée. Les usages et l'apparat du culte catholique ont été importés en Allemagne parla vanité de quelques princes ou grands seigneurs, et là, les compositeurs allemands n'ont fait que reproduire plus ou moins les modèles du style italien. Mais au lieu de cette magnificence d'emprunt, le vieux choral accompagné par l'orgue et chanté par toute la communauté suffisait aux vieilles églises protestantes. Ces chants, dont l'imposante dignité et la pureté naïve s'alliaient si bien avec des cœurs droits et simples, sont vraiment un fruit naturel du génie allemand, et la facture du choral en porte le cachet distinctif. L'amour national du *Lied* s'y révèle en effet dans certaines strophes brèves et empreintes d'une extrême ressemblance avec d'autres chansons profanes, mais également consacrées à l'expression des sentiments nobles et touchants. Mais les harmonies riches et vigoureuses qui servent d'accompagnement à la mélodie populaire, témoignent surtout du sens profond qu'attachent les artistes allemands à la science musicale. C'est le *choral*, l'une des créations les plus intéressantes que présente l'histoire de l'art, qu'il faut regarder comme le type de toutes les productions musicales de l'église protestante, base solide sur laquelle la science a fondé une œuvre complète, et édifié un vaste et superbe monument.

Les motets furent le premier, le plus intime développement de la forme du choral. Souvent les mêmes airs en fournissaient les thèmes, et ils étaient exécutés en chœur sans aucun accompagnement. Les plus belles compositions de ce genre sont celles de Sébastien Bach, auquel on ne saurait refuser, du reste, la première place comme compositeur sacré, du moins pour la musique protestante. Les motets de ce maître, qui ont joué le rôle du choral dans l'office divin (avec cette différence qu'au lieu d'être chantés par la communauté, l'exécution en était confiée, à cause de leurs difficultés, à des artistes spéciaux), sont sans contredit l'œuvre la plus accomplie de musique vocale que nous possédions en Allemagne. Outre l'application merveilleuse des plus riches ressources de la théorie, toutes ces compositions respirent une intelligence profonde, naturelle et souvent poétique du texte, tout à fait conforme au dogme protestant. Et de plus, le tissu délicat de leur forme extérieure est tellement parfait et original, qu'on ne saurait rien mettre en parallèle. Les mêmes qualités se retrouvent au même degré, sur une échelle plus vaste, dans les grands oratorios et dans les *passions*, compositions spéciales consacrées à la célébration des souffrances de Jésus-Christ, d'après la version des évangiles. Le texte est donc invariable, mais dans certains passages des chapitres principaux, ayant trait aux circonstances les plus touchantes du récit sacré, Sébastien Bach fait intervenir une sorte de choral que doit exécuter toute l'assistance. C'est ce qui fait de ces passions de graves solennités, où le peuple prend autant de part que les interprètes de l'art musical. Il est difficile d'exprimer en effet tout ce que ces chefs-d'œuvre magnifiques renferment de grandeur et de majesté, alliées à une pureté, de goût, à une suavité religieuse incomparables. On peut dire qu'en eux sont concentrés toute l'inspiration et le génie allemands; et j'ai déjà dit, à l'appui de cette assertion, qu'il ne fallait en rechercher la source que dans le moral et les sentiments de la nation.

C'est donc l'instinct populaire qui a été le créateur, en Allemagne, de la musique religieuse. La musique dramatique n'y a jamais provoqué des besoins du même genre. L'opéra, dès son origine sur les scènes d'Italie, avait déjà pris des allures si pompeuses et si mondaines, que cette forme de l'art ainsi dirigée ne pouvait plus devenir un motif de puissante attraction pour l'Allemand, pensif et sentimental. Avec le cortège de ses ballets et de ses décorations, ce spectacle grandiose paraissait exclusivement dévolu aux plaisirs des grands et des princes; prévision confirmée par l'événement, du moins durant les premiers temps de son introduction en Allemagne. L'effet des démarcations aristocratiques devait donc exclure le drame lyrique des divertissements populaires; aussi, pendant toute la durée du siècle dernier pour ainsi dire, l'opéra ne fut considéré en Allemagne que comme une importation étrangère. Chaque cour avait sa troupe de chanteurs italiens qui n'exécutaient que de la musique italienne, et l'on n'imaginait pas même qu'un opéra pût être écrit et chanté autrement qu'en italien. Ainsi, le compositeur allemand à qui il prenait fantaisie de faire un opéra, devait commencer par apprendre la langue, et puis se rendre familières la méthode et la facture italiennes, et il n'avait la chance de se faire accueillir qu'autant qu'il avait abjuré absolument l'art et le caractère national. Il arriva cependant fréquemment que la palme du genre fut décernée à des musiciens allemands, car leur aptitude universelle pour les beaux-arts leur frayait une route facile, même sur ce terrain étranger.

Il n'est pas superflu de faire remarquer cette disposition naturelle, qui initie si promptement le génie allemand aux créations homogènes des peuples voisins, et lui procure ainsi de nouveaux éléments d'études, un nouveau sol qu'il s'approprie en le fécondant, un nouvel horizon où d'une aile hardie et rapide il a bientôt franchi les limites, jusque-là respectées par ses devanciers comme le *nec plus ultra* de la spécialité. C'est en quelque sorte un trait caractéristique de l'art allemand que d'aller puiser aux sources étrangères, pour enrichir sa patrie de ce qui lui manque, en perfectionnant l'objet de ses emprunts, et le transformant de manière à en faire le point de mire de l'admiration du monde entier. Mais pour obtenir toutefois un pareil résultat, il ne suffisait pas de s'approprier par une adroite substitution les qualités d'une école étrangère, il fallait aussi avoir conservé comme un patrimoine sacré la tradition du génie patriotique, qui consiste ici dans la pureté du sentiment et la chasteté de l'inspiration. Grâce à un pareil trésor, l'Allemand, en quelque lieu où il se trouve, dans quelque langue qu'il s'exprime peut être sûr de conserver sa supériorité.

Nous voyons en effet que ce fut un Allemand qui perfectionna en Allemagne, ennoblit et agrandit l'opéra italien. Ce rare et divin génie, ce fut Mozart. L'histoire de la vie et des progrès de cet artiste incomparable résume en quelque sorte l'histoire de l'art allemand tout entier. Son père était musicien; il reçut donc dès l'enfance une éducation musicale, qui, sans doute, n'avait d'autre but que de faire de lui un honnête virtuose capable de subvenir à sa propre existence par l'exercice de son talent. Dès son plus jeune âge, il fut assujetti à l'étude de la théorie scientifique et des difficultés de l'application, et l'adulte n'avait plus rien à apprendre à cet égard. Mais doué aussi d'une âme tendre et pieuse et d'une organisation délicate, il sut bientôt s'approprier les secrets intimes de l'art, jusqu'à ce qu'enfin son génie transcendant l'élevât sur un piédestal sacré, au-dessus de toutes les célébrités anciennes ou contemporaines. Resté toute sa vie pauvre et nécessiteux, et constamment rebelle aux tentations et aux avances de la fortune, il personnifie, surtout en lui, par ces qualités privées, le caractère national. Poussant la modestie jusqu'à la timidité, le désintéressement jusqu'à l'oubli de lui-même, il créa des œuvres prodigieuses, et légua à la postérité d'inestimables trésors, sans se croire un autre mérite que celui d'avoir obéi à son instinct de producteur. Quelle autre existence d'artiste pourrait nous offrir une plus digne leçon et un emblème plus touchant?

Mozart accomplit cette œuvre avec la toute-puissance qui, je l'ai déjà dit, appartient en propre à la haute portée du génie allemand. Il s'empara si bien du genre de la musique italienne, qu'il s'y créa un domaine qui n'appartiendra jamais qu'à lui. Ses opéras furent écrits dans cette langue parce qu'elle passait alors pour la seule qui convînt à la déclamation lyrique; mais il sut se garantir de tous les défauts inhérents à la méthode italienne, tandis qu'il ennoblit toutes ses qualités en les fondant si habilement avec la délicatesse et l'énergie du style allemand, qu'il produisit enfin quelque chose d'absolument neuf, et fait pour servir de modèle. Ce fut aussi le plus beau fleuron, l'épi le plus fertile de notre couronne dramatique; et c'est à cela que l'Allemagne doit de pouvoir citer son école indigène de musique dramatique, car c'est seulement à dater de là que s'ouvrirent nos théâtres nationaux, et que nos musiciens composèrent des opéras sur des paroles allemandes.

Toutefois, avant l'avènement de cette époque mémorable, pendant que Mozart et ses prédécesseurs empruntaient aux modèles italiens des inspirations nouvelles, il se formait une autre école de drame lyrique populaire dont la combinaison définitive avec le genre italien produisit le véritable opéra allemand. Je veux parler des **opérettes exécutées pour les masses, sans la participation de la classe aristocratique**, et conformes à leurs mœurs simples et franches. Ces opérettes ont évidemment plus d'un point de rapport avec l'ancien *opéra-comique* français. Le sujet appartenait ordinairement aux traditions et aux mœurs des classes inférieures; ils étaient du genre comique pour la plupart, et animés d'un esprit naturel et sans recherche. C'est à Vienne qu'il faut placer le foyer originel de ce genre de spectacle; du reste, c'est à Vienne que s'est le mieux conservé de tout temps le vrai caractère populaire, privilège que cette ville doit sans doute à l'esprit de naïveté et de gaieté de ses habitants; car ceux-ci ont toujours été séduits avant tout par le côté comique des choses et par les traits naturels qui s'alliaient avec leur imagination enjouée. C'est donc Vienne qui a le plus encouragé les débuts de l'opéra populaire. D'abord les compositeurs de ces petits opéras se bornaient à des *lieder* et à des ariettes détachées; mais on y trouve pourtant quelquefois, comme dans la charmante comédie du *Barbier de village*, des morceaux caractéristiques tout à fait propres à donner plus tard une importance réelle à ce genre spécial sacrifié presque absolument à l'envahissement du grand opéra. Avant cette commune fusion il était déjà parvenu pourtant à un certain degré d'éclat; et une chose digne de remarque, c'est qu'à la même époque où Mozart traduisait ses opéras italiens en allemand pour les dédier à ses compatriotes, ces opérettes acquéraient de jour en jour une forme plus attrayante, due en partie au soin que prenaient les auteurs de choisir leurs sujets dans les traditions populaires, et dans les contes de fée si affectionnés par la rêverie allemande.

Enfin, le coup décisif fut porté, et le fut par Mozart, qui, à l'appui de cette direction imprimée aux opérettes nationales, composa le premier grand opéra allemand, la *Flûte enchantée*. On ne saurait porter trop haut l'influence de cet ouvrage qui ouvrit la carrière jusqu'alors interdite pour ainsi dire aux compositeurs allemands. L'auteur du libretto, directeur-gérant d'un théâtre de Vienne, n'avait rien de plus en vue que de donner une grande opérette, et cela mettait déjà l'œuvre sous la puissante recommandation de l'intérêt populaire. Le fond était emprunté à un conte fantastique et réunissait des détails comiques à des scènes de féerie et à des apparitions merveilleuses. Mais quelle merveille plus grande Mozart a su produire sur cette donnée aventureuse! Quelle magie divine lui a soufflé ses inspirations, depuis le Lied plébéien jusqu'à l'hymne le plus sublime! Quelle variété, quelle richesse, quel sentiment! C'est la quintessence de l'art, le parfum concentré des fleurs les plus belles et les plus diverses. Comme chaque mélodie, depuis la plus simple jusqu'à la plus grandiose, est empreinte d'aisance et de noblesse tout à la fois! On pourrait regretter, pour ainsi dire, ce pas de géant excessif du génie musical, qui, tout en créant l'opéra allemand, en posa aussi les dernières limites et improvisa le chef-d'œuvre du genre avec une perfection qui ne devait plus être dépassée, qui pouvait à peine être égalée. L'opéra allemand est aujourd'hui en vigueur, il est vrai, mais il dégénère et recule, hélas! vers sa décadence non moins rapidement qu'il avait atteint son apogée avec le chef-d'œuvre de Mozart.

Winter et Weigl doivent être regardés comme les imitateurs les plus directs de ce grand maître. Tous les deux ont été surtout fidèles à cette direction populaire qu'il avait imprimée à l'opéra allemand, et le second, dans sa *Famille suisse*, ainsi que le premier dans le *Sacrifice interrompu*, ont prouvé quel prix attachaient à leur noble tâche de vrais musiciens allemands. Mais ce mérite principal s'amoindrit et disparut peu à peu chez leurs successeurs, preuve sensible du peu d'avenir réservé à l'opéra allemand en général. Ses rythmes et ses mélismes populaires dégénérèrent, entre les mains de ces froids imitateurs, en lieux communs vulgaires et insignifiants; et leur manque de goût dans le choix de leurs sujets dramatiques démontra mieux encore leur peu d'aptitude à soutenir la gloire du genre national.

Cependant ce genre spécial eut un nouveau moment d'éclat, à l'époque où le puissant génie de Beethoven inaugurait le règne du romantisme dans le monde musical. Alors la musique dramatique fut illuminée d'un rayon de la même inspiration magique, et ce fut Weber qui vint la ranimer de son souffle créateur. Dans le plus populaire de ses drames, le *Freyschütz*, il sut une fois encore profondément émouvoir le cœur de ses compatriotes; le sujet féerique de cette composition dut surtout contribuer à aider le poète et le musicien dans la réalisation de leur tâche, car il invoquait pour ainsi dire les mélodies simples et touchantes du lied ancien, et l'ensemble pouvait se comparer à une ballade romanesque et sentimentale, pourvue de toutes les conditions pour toucher l'âme et l'esprit du poétique Allemand. Et, effectivement, le *Freyschütz* aussi bien que la *Flûte enchantée* de Mozart sont la preuve incontestable du caractère exclusif que la nation eût attribué au genre de l'opéra, indépendamment de toute influence étrangère, mais sous la réserve, il est vrai, de certaines limites infranchissables. Car Weber lui-même, lorsqu'il tenta de les dépasser dans l'opéra d'*Euryanthe*, malgré les beautés incontestables de cet ouvrage, n'atteignit pas évidemment le but supérieur qu'il s'était proposé; sa force fut au-dessous des violentes passions dont il avait à peindre la lutte dans une sphère plus élevée. Intimidé par la hauteur de sa nouvelle tâche, il substitua à la peinture franche et hardie qu'exigeait son cadre des esquisses incomplètes et mesquines de caractères partiels, ce qui lui ravit le charme du naturel et rendit son travail lourd et diffus. Weber dut s'apercevoir lui-même de ce changement défavorable, et ce fut avec un tendre remords, pour ainsi dire, qu'il revint, dans *Obéron*, aux inspirations primitives de la muse si chaste de ses belles années.

Après Weber, Spohr essaya aussi de conquérir le sceptre de la scène allemande, mais jamais il ne put arriver à la popularité de son rival. Ses compositions étaient trop dépourvues de cette vitalité dramatique qui doit tout échauffer, tout féconder autour d'elle, à l'instar du soleil dans la nature. Néanmoins, les œuvres de Spohr ont, sans contredit, un caractère éminemment national, car elles remuent souvent les cordes les plus sensibles de l'âme; mais elles manquent absolument de ce contraste d'une certaine gaieté naïve, si séduisant dans les œuvres de Weber, et sans lequel toute œuvre dramatique devient monotone et insignifiante.

Marschner doit être regardé comme le continuateur le plus fidèle de ces deux maîtres. Il s'inspira aux mêmes sources que Weber et Spohr, et conquit en peu de temps une renommée assez active; mais, malgré l'étendue de ses facultés, ce n'était pas un talent assez robuste pour soutenir et vivifier le véritable opéra allemand, remis en honneur par les chefs-d'œuvre de ses prédécesseurs. Enfin, l'imitation des ouvrages de la nouvelle école française fit bientôt une irruption si rapide en Allemagne, et s'empara tellement de la faveur générale, que ce fut le coup de grâce pour nos opéras nationaux dont le genre est à présent tout à fait aboli. Il faut pourtant nous résoudre à entrer dans certains développements au sujet de cette dernière période, en raison de l'influence qu'elle a exercée, et parce qu'on peut déjà prévoir que le génie allemand doit travailler à se rendre le maître de ce nouveau mode comme il a réussi à le devenir des précédents.

Cette révolution n'a vraiment commencé en Allemagne qu'à l'apparition de Rossini, dont *le style si brillant*, avec tout le génie qu'il fallait pour opérer une pareille réforme, fit prendre en pitié les derniers vestiges de l'ancienne école italienne, qui n'avait plus, il est vrai, pour elle qu'un reste de formes décrépites. Ses chants, si pleins d'esprit, de gaieté et de morbidesse, se propagèrent partout, et l'école française vint encore à l'appui de cette transformation musicale, en alliant toute cette fraîcheur, cette légèreté, cette richesse de formes à son mérite indépendant et réel. Le genre rossinien gagna beaucoup à se combiner ainsi avec les qualités positives d'un style arrêté, et les artistes français produisirent dans cette direction des ouvrages dignes d'une admiration sans réserve, miroir fidèle en tout temps des éminentes qualités du caractère national. C'est ainsi que l'aimable esprit chevaleresque de l'ancienne France semble avoir inspiré à Boïeldieu sa délicieuse musique de *Jean de Paris*, car la vivacité et la grâce naturelle de l'esprit français sont empreintes surtout dans le genre de l'opéra-comique. Mais le point culminant du génie musical en France est sans contredit *la Muette de Portici*, d'Auber, une de ces œuvres nationales dans toute l'étendue du mot, et dont chaque nation ne peut guère montrer qu'un ou deux exemples. L'impétuosité du drame, cette mer de passions et de sentiments, peinte des plus brillantes couleurs et peuplée de mélodies pleines d'originalité, de grâce et d'énergie, tout cela n'est-il pas la reproduction idéale et vivante des annales les plus récentes de la nation française? et quel autre qu'un Français eût pu entreprendre et parachever une œuvre semblable? On ne saurait disconvenir que cet admirable opéra a mis le comble à la gloire de l'art musical français, et l'a signalé comme un digne exemple à tout le monde civilisé. Pourquoi donc s'étonnerait-on que l'Allemand, doué surtout d'impartialité et si facile à émouvoir, ait reconnu avec un sincère enthousiasme ces progrès artistiques d'un peuple voisin?

En effet, l'Allemand juge avec moins de prévention que personne, et d'ailleurs ces productions nouvelles répondirent, à leur apparition, à un besoin incontestable. Car il n'est que trop avéré, que la musique dramatique, avec ses plus larges développements, ne saurait prospérer par elle-même en Allemagne, et cela par les mêmes raisons qui s'opposent à la perfection du drame et de la comédie. En revanche, les Allemands, je le répète, semblent avoir le privilège de s'approprier les créations de l'art étranger pour les perfectionner, les ennoblir et en généraliser l'influence. Haendel et Gluck l'ont prouvé surabondamment, et de nos jours un autre Allemand, Meyerbeer, nous en offre un nouvel exemple.

Arrivé au point d'une perfection complète et absolue, le système français n'avait plus, en effet, d'autres progrès à espérer que de se voir généralement adopté et de se perpétuer au même degré de splendeur; mais c'était aussi la tâche la plus difficile à accomplir. Or, pour qu'un Allemand en ait tenté l'épreuve et obtenu la gloire, il fallait sans contredit qu'il fût doué de cette bonne foi désintéressée, qui prévaut tellement chez ses compatriotes, qu'ils n'ont pas hésité à sacrifier leur propre scène lyrique pour admettre et cultiver un genre étranger, plus riche d'avenir et qui s'adresse plus directement aux sympathies universelles. En serait-il autrement quand la raison aurait anéanti la barrière des préjugés qui séparent les différents peuples, et quand tous les habitants du globe seraient d'accord pour ne plus parler qu'une seule et même langue?

On peut donc avancer qu'en fait de musique dramatique, l'Allemand et le Français n'en ont qu'une, que les productions aient vu le jour dans l'un ou l'autre pays, ce qui est plutôt une question de lieu qu'une différence fondamentale. De cette intime union entre les deux nations et de l'échange habituel de leurs talents les plus distingués, il est résulté pour l'art en général une double inspiration et une fécondité magnifique, dont nous avons déjà d'éclatants témoignages. Il nous reste à souhaiter que cette noble alliance se consolide de plus en plus; car où trouver deux peuples, deux pays, dont l'accord et la fraternité puissent présager à l'art des destinées plus brillantes, si ce n'est l'Allemagne et la France?

« Stabat Mater », de Pergolèse

REVUE CRITIQUE

Stabat mater de Pergolèse, arrangé pour grand orchestre avec chœurs par Alexis Lvoff, membre des Académies de Bologne et de Saint-Pétersbourg.

Il existe encore d'honnêtes musiciens qui mettent leur plus vive jouissance à rechercher les chefs-d'œuvre des anciens maîtres pour se pénétrer de leur mérite incomparable; et quand on apporte à cette étude autant de zèle et d'intelligence que l'auteur dont nous allons parler, les travaux qui en résultent ne méritent pas moins d'estime et de reconnaissance que des ouvrages originaux. Ce serait une grave erreur que de supposer à M. Lvoff la prétention d'ajouter à la perfection de l'œuvre de Pergolèse, quand évidemment il n'a eu pour but que d'en rappeler le sublime exemple à l'école moderne et de le faire classer dans le répertoire des exécutions contemporaines. Sous l'influence de cette conviction, et malgré tous les scrupules esthétiques suscités par ce mode d'arrangements secondaires, on ne saurait donc contester l'importance et l'intérêt de la publication actuelle.

À une époque comme la nôtre, où les diverses branches de l'art musical ont pris une extension si divergente, au point de s'être souvent modifiées de la manière la plus anormale, c'est un besoin essentiel et un noble devoir que de remonter aux sources primitives, pour y puiser de nouveaux éléments de force et de fécondité. Mais pour resserrer utilement ces liens de parenté avec les grands maîtres du temps passé, la pratique de leurs compositions, adaptées s'il le faut aux exigences du goût moderne, aura toujours plus d'efficacité qu'une imitation pâle et médiocre de leur merveilleux style. Ce dernier procédé offre, en effet, le danger d'une pente rétrograde, les imitateurs en question s'attachant trop fréquemment à reproduire surtout dans leurs pastiches des formes surannées que réprouve la pureté du goût.

Les admirateurs exclusifs de l'ancienne école sont tombés dans une exagération vicieuse en préconisant sa facture incomplète au même degré que le fond et la pensée de ses œuvres.

Autant celle-ci avait de grandeur et de noblesse, autant les détails de l'exécution matérielle se ressentent de l'inexpérience, des tâtonnements d'une science à son début; et l'on ne peut révoquer en doute le perfectionnement des formes, sinon de nos jours, du moins pendant la période intermédiaire qui succéda à cet âge d'or de l'art musical.

Ce fut avec Mozart, le chef de l'école idéale, que la musique, religieuse sous le rapport de la facture, parvint réellement à son apogée; et si je ne craignais d'être mal interprété, j'oserais dire qu'il serait à souhaiter que tous les ouvrages du temps précédent nous eussent été transmis revêtus de formes analogues, car la perfection de celles-ci aurait été une compensation suffisante aux inconvénients de cette transformation, désavantage fort léger d'ailleurs, puisque Mozart n'était pas trop éloigné de l'époque primitive, et que sa manière en a conservé le sentiment et les traits caractéristiques. Il a prouvé, au contraire, avec éclat combien les anciens chefs-d'œuvre pouvaient être embellis par la vivacité et la fraîcheur du coloris, sans rien perdre pour ainsi dire de leur mérite intrinsèque, notamment par l'arrangement de l'oratorio du *Messie* de Haendel.

Nous sommes loin de blâmer ceux qui voudraient qu'on n'exécutât l'œuvre de Haendel que dans une cathédrale, avec un chœur de trois à quatre cents voix, appuyé des orgues et d'un quartette composé d'un nombre égal d'instruments à cordes, pour jouir de tout l'éclat et de toute l'énergie primitive de la composition. Sans doute que, pour l'individu jaloux d'apprécier la valeur historique de la musique de Haendel, il serait préférable de l'entendre rendue avec des moyens aussi puissants, chose presque impossible, du reste, à réaliser aujourd'hui, en raison de cette circonstance majeure et bien notoire, à savoir que Haendel improvisait lui-même sur l'orgue l'accompagnement des premières exécutions du *Messie*. N'est-il pas permis de croire que le compositeur à qui l'emploi perfectionné des instruments à vent était encore inconnu, se serait alors servi des orgues pour produire les mêmes effets que Mozart confia plus tard à ces instruments à vent améliorés?

En tout cas, l'instrumentation de Mozart a embelli l'ouvrage de Haendel dans l'intérêt général de l'art. Il fallait, à la vérité, le génie d'un Mozart pour accomplir une pareille tâche avec une mesure aussi parfaite. Celui qui entreprend aujourd'hui un travail analogue ne peut donc rien faire de mieux que de le prendre pour modèle, sans chercher surtout à compliquer sa facture si simple et si naturelle. Car l'application des procédés d'instrumentation moderne serait le plus sûr moyen de rendre méconnaissables le thème et le caractère des anciennes œuvres.

Telle a été du reste la louable préoccupation de M. Lvoff. L'examen de sa partition démontre qu'il a pris pour type la sage instrumentation de Mozart. Trois trombones, deux trompettes, les timbales, deux clarinettes et deux bassons, tels sont les éléments de l'adjonction faite à l'orchestre primitif. Mais le plus souvent les clarinettes et les bassons ont seuls un rôle actif dans l'accompagnement, à l'instar de celui rempli par les bassons et les cors de bassette dans le *Requiem* de Mozart. La plus grande difficulté a dû être la traduction générale du quatuor des instruments à cordes, car Pergolèse l'avait écrit tout entier dans le style naïf du vieux temps, se bornant à trois parties la plupart du temps, et quelquefois même à deux. Fort souvent le complément d'harmonie allait de lui seul, et l'on a peine à s'expliquer pourquoi le compositeur a omis de l'écrire, ce qui produit des lacunes très sensibles. Mais dans d'autres endroits, ce remplissage offrait de grandes difficultés, surtout là où la mélodie semble ne comporter que trois parties, ou seulement deux, et où une voix supplémentaire peut être considérée comme superflue ou même nuisible. Ce grave obstacle a néanmoins toujours été surmonté avec bonheur par M. Lvoff, dont on ne saurait trop louer en général la discrétion. Les instruments à vent qu'il introduit, loin de couvrir jamais ni d'altérer le thème original, servent au contraire à l'éclairer davantage. Ils ont même un certain caractère indépendant qui concourt à l'effet d'ensemble, tout à fait suivant les règles adoptées par Mozart, et nous citerons notamment à cet égard la strophe quatrième, *Quæ mœrebat*. Quelquefois seulement, par exemple au début de la première partie, c'est peut-être à tort que la partie des violons a été transférée aux bassons et aux clarinettes; non que l'auteur ait méconnu ici le caractère de ces derniers instruments, mais parce que la basse conservée des instruments à cordes paraît trop pleine et trop sonore avec les nouveaux dessus.

Toutefois il est étonnant que l'auteur d'un travail si consciencieux se soit laissé entraîner une fois à altérer la partie de basse au commencement de la deuxième strophe, où M. Lvoff a modifié la phrase entière, au grand désavantage de la mélodie primitive, ce qu'il aura fait sans doute pour éviter un passage d'une certaine dureté qui se trouve chez Pergolèse dans la partie d'alto. Mais il y avait, selon nous, moyen de remédier à cette rudesse sans sacrifier la jolie basse du grand compositeur. C'est, du reste, le seul exemple, dans tout l'ouvrage, d'un changement défavorable et inutile. Il témoigne à cela près du zèle le plus consciencieux et d'une appréciation pleine de délicatesse du chef-d'œuvre ancien, même dans de petits détails d'un caractère un peu suranné.

Ce qu'il y a de plus audacieux dans l'entreprise de M. Lvoff est, sans contredit, l'adjonction des chœurs, puisque Pergolèse n'écrivit le *Stabat* que pour deux voix: une de soprano, une de haute-contre. A la rigueur, il eût mieux valu respecter l'intention originelle du maître; mais comme pourtant cette introduction de chœurs n'a nullement gâté l'ouvrage, et que, d'ailleurs, les deux parties de chant primitives ont été conservées dans toute leur indépendance, on ne saurait adresser à l'arrangeur aucun blâme sérieux, et il faut même reconnaître qu'il a ajouté à la richesse de l'ensemble, car cette adjonction a été opérée avec une rare habileté et une intelligence supérieure du texte.

Ainsi, dans le premier morceau, la fusion intermittente du chœur avec les voix de solo rappelle heureusement la manière dont les deux chœurs sont traités dans le *Stabat* de Palestrina. Toutefois, c'est principalement sur le chœur que porte l'inconvénient de l'adjonction des parties complémentaires dans les passages précités où Pergolèse avait dessiné sa mélodie exclusivement pour deux ou trois. Ici l'arrangeur a dû restreindre le rôle du chœur à trois parties au plus, pour ne pas défigurer absolument l'harmonie primitive et n'en pas altérer la noble simplicité. Cela est surtout sensible dans les passages fugués, comme le *Fac ut ardeat*. Aussi le chant du thème n'est jamais du ressort du ténor, mais exclusivement dévolu à l'une des parties de soprano ou de contralto, comme dans la composition originale, ou bien à celle de basse, qu'il était facile d'extraire de l'accompagnement primordial. L'arrangeur a dû être surtout embarrassé par l'*Amen* expressément écrit par Pergolèse pour deux voix seulement.

À propos du n° 10, *Fac ut Portem*, nous remarquerons encore qu'il aurait mieux valu omettre l'accompagnement du chœur ainsi que la cadence servant de conclusion, ces deux accessoires sentant par trop l'opéra moderne, et ne cadrant nullement avec le caractère de l'œuvre sacrée.

Mais si nous avons cru devoir signaler les rares écueils qu'offrait un pareil travail, nous devons aussi déclarer franchement que le compositeur moderne a fait preuve, en les doublant, d'une grande habileté. On ne saurait trop louer surtout la noble intention qui a présidé à l'entreprise de M. Lvoff; car si une admiration éclairée et une ardente sympathie pour un si grand chef-d'œuvre étaient seules capables de faire assumer une pareille tâche, nul doute aussi que M. Lvoff n'en eût parfaitement mesuré l'étendue et la difficulté. C'est donc une pleine justice que de constater, non seulement le talent, mais aussi le courage nécessaire pour accomplir un travail semblable, où l'artiste doit faire abnégation complète de lui-même, et s'effacer constamment pour laisser briller dans tout son jour le génie supérieur auquel il rend un hommage de prédilection.

Du métier de virtuose

ET DE L'INDÉPENDANCE DES COMPOSITEURS

Fantaisie esthétique d'un musicien.

D'après une vieille légende, il existe quelque part un joyau inestimable dont l'éclat rayonnant procure soudain à l'heureux mortel qui peut fixer son regard sur lui, toutes les lumières de l'intelligence et les joies intimes d'une conscience satisfaite; mais ce miraculeux trésor est depuis bien des siècles enfoui dans un abîme profond. Au dire de la chronique, il y eut jadis des hommes favorisés par le destin, et dont l'œil, doué d'un pouvoir surnaturel, pénétrait la masse de ruines et de décombres où gisaient l'un sur l'autre entassés des portiques, des colonnades, et mille autres débris informes de gigantesques palais. C'est du sein de ce chaos que le bijou fantastique les éblouit de sa prodigieuse clarté et remplit leurs cœurs d'une extase céleste. Ils furent saisis alors d'un grand désir de soulever cet immense amas de ruines pour rendre manifeste à tous les yeux la splendeur du joyau magique qui devait faire pâlir jusqu'aux rayons du soleil, et qui servirait non seulement à réchauffer nos organes corporels, mais encore à vivifier les fibres les plus délicates de l'âme. Mais tous leurs efforts furent vains; ils ne purent ébranler la masse inerte sous laquelle était enseveli le précieux talisman.

Les siècles s'accumulèrent; quelques esprits sublimes reflétèrent, depuis, sur le monde, les rayons lumineux que la vue du trésor lointain leur avait communiqués, mais jamais personne n'approcha du profond sanctuaire qui recelait la pierre miraculeuse. On eut l'idée d'ouvrir des mines et des conduits souterrains qui pussent, avec les procédés de l'art, faciliter la recherche du bijou mystérieux. On exécuta des travaux et des excavations admirables; mais on poussa si loin les précautions et l'artifice, on creusa tant de galeries transversales, on ouvrit tant de mines accessoires, que, par la suite des temps, la confusion s'établit entre toutes ces voies divergentes, et l'on perdit définitivement, dans ce labyrinthe, le secret de la direction propice

Tout cet immense travail était donc devenu inutile; on y renonça. Les mines furent abandonnées, et déjà leurs voûtes menaçaient de s'écrouler de toutes parts, quand survint un pauvre mineur qui, selon la chronique, était né à Salzbourg. Celui-ci examina attentivement l'œuvre grandiose de ses devanciers, et suivit avec une curiosité mêlée d'admiration les détours compliqués de ces tranchées innombrables. Tout à coup il sentit son cœur ému d'une sensation pleine de volupté, et il aperçut à une faible distance le joyau magique qui l'inondait de sa radieuse clarté. Il embrassa alors d'un coup d'œil rapide et simultanément l'ensemble du labyrinthe. Le talisman lumineux traçait devant lui la route tant désirée, et comme entraîné sur un rayon de flamme, le pauvre mineur parvint au fond de l'abîme jusqu'auprès de l'éblouissant trésor. En même temps, une émanation miraculeuse inonda la terre d'une splendeur fugitive, et fit tressaillir tous les cœurs d'une joie ineffable; mais personne ne revit plus jamais le mineur de Salzbourg.

Ce fut un autre mineur de Bonn qui conçut le premier pressentiment de cette précieuse découverte; il se tenait à l'entrée de la mine, et il ne tarda pas à distinguer à son tour le chemin privilégié du trésor; mais les ardents rayons projetés par celui-ci vinrent frapper sa vue si subitement qu'il en devint aveugle. Tous ses sens furent paralysés à l'aspect d'un océan de flammes crépitantes, et, saisi de vertige, il se précipita dans l'abîme où sa chute provoqua une ruine générale, et où retentit l'épouvantable fracas des voûtes écroulées et des piliers démolis.

Et l'on n'entendit plus jamais parler du mineur de Bonn.

Ici se termine la légende, comme toutes les légendes de mineurs, par une catastrophe irréparable. On montre encore la place des anciennes excavations, et, dans ces derniers temps, on s'est occupé de déblayer plusieurs puits dans le but de retrouver et de recueillir les cadavres des deux pauvres mineurs. Les travaux sont poussés avec activité, et chaque passant emporte un fragment de ce déblai en échange d'une menue monnaie, parce que c'est une affaire d'amour-propre que de paraître avoir participé à cette pieuse réparation. Parfois, dit-on, l'on rencontre encore des filons étincelants que l'on transforme par la fusion en beaux ducats d'or; mais quant aux deux mineurs et au joyau magique, il y a longtemps que personne n'y pense plus.

Je ne saurais dire avec quelque certitude si cette légende est de pure invention ou basée sur quelque fait réel; mais elle mérite en tout cas d'être mentionnée par les applications dont cette allégorie est susceptible, car le talisman mystérieux peut être regardé comme l'emblème du secret magique, idéal, de l'art musical. Sur cette seule donnée, il serait facile de découvrir une assimilation à la mine et aux décombres. En effet, celui qu'inspire le génie de la musique et qui éprouve le besoin de traduire en notes ses pensées intimes, rencontrera d'abord l'amoncellement des ruines, et parviendra peut-être ensuite dans la mine, régulièrement creusée par l'art; mais combien peu pénétreront jusqu'à la crypte profonde où repose la divine essence? Le nouvel adepte se heurtera d'abord contre l'épaisse muraille élevée par la vanité, l'ignorance et la routine, comme un rempart défendant l'approche du tabernacle sacré. Cette masse lourde et compacte effraie le regard le moins timide, et souvent on a peine à se persuader que ce n'est qu'une enveloppe trompeuse qui dérobe à l'œil le secret du beau et du vrai. Examinons de plus près les causes de cette étrange méprise.

Toute composition musicale a besoin, pour être jugée, d'être exécutée; l'exécution est donc une partie importante de l'art musical, et pour ainsi dire sa condition de vitalité la plus essentielle. Sa première règle doit être, en conséquence, de traduire avec une fidélité scrupuleuse les intentions du compositeur, afin de transmettre aux sens l'inspiration de la pensée sans altération ni déchet. Le plus grand mérite du virtuose consiste donc à se pénétrer parfaitement de l'idée musicale du morceau qu'il exécute, et à n'y introduire aucune modification de son cru. C'est-à-dire qu'il n'y a vraiment d'exécution parfaite que celle dont se charge le compositeur lui-même, et nul n'en approchera davantage que l'individu doué tout à la fois de la faculté créatrice et d'une organisation assez souple pour s'assimiler en quelque façon la pensée d'autrui. Restent après cela les artistes qui, sans prétendre au talent de l'invention, n'ont rien à sacrifier pour saisir et pour rendre telle qu'elle se comporte une inspiration étrangère; car, en fait d'exécution musicale, il faudrait à la rigueur que ni les défauts ni les qualités de l'exécutant ne pussent influencer l'auditeur, et que le mérite seul de la composition maîtrisât toute son attention; d'où cette conséquence rigoureuse qu'il faut ou bien dénier toute importance à l'exécution musicale, ou bien lui en attribuer une tellement exagérée, qu'on la mettrait au niveau de la conception, à la manifestation de laquelle son concours est indispensable.

Or, il est difficile de décider s'il faut s'en prendre au goût superficiel du public, ou bien à la vanité des virtuoses, de cette habitude contractée avec le temps de traiter l'exécution musicale comme une chose absolument indépendante du fond auquel elle s'appliquait. Mais il est certain, qu'en général le public n'a pas témoigné d'un sens critique assez profond pour apprécier à leur juste valeur les œuvres musicales à la portée de leur idée fondamentale. Il arriva ainsi que maintes fois le rôle secondaire de l'exécution fut confondu avec la fonction créatrice de la pensée, qu'on alla jusqu'à méconnaître tout à fait. De leur côté, les artistes exécutants méritent le grave reproche d'avoir abusé de cette propension vicieuse, et d'avoir trop souvent mis tout en œuvre pour substituer à la pensée dont ils se faisaient les interprètes, leur propre individualité. Cette injuste prédominance accordée au virtuose sur l'auteur de la composition, eut pour conséquence directe de faire admettre qu'en général celui-là devait largement user du droit de modifier à son gré le texte auquel il voulait bien prêter l'éclat de la publicité. L'exemple fut donné par le premier virtuose qui eut la fantaisie de surexciter l'attention et la sympathie de ses auditeurs, en mettant exclusivement en relief ses qualités personnelles. L'effet inévitable d'une semblable méthode fut donc que les ouvrages des maîtres furent tous plus ou moins défigurés, suivant que les exécutants étaient doués d'un talent réel, ou simplement d'une certaine habileté machinale.

Telle fut l'origine d'une tradition si fatale à l'art musical. C'est de cette époque que datent les virtuoses à réputation. Ceux-ci, moins pour obviera cette altération déplorable des ouvrages, produit d'une libre inspiration, que pour avoir encore plus d'occasions de faire briller leurs avantages, imposent aux musiciens un nouveau genre de compositions, à savoir celui de morceaux concertants. La condition première de leur facture consistait dans le sacrifice de toute idée artistique et indépendante, et dans un asservissement perpétuel à telle ou telle qualité d'organe ou de doigté propre à chaque exécutant. L'essentiel était d'omettre, d'annuler tout effet musical capable de maîtriser le virtuose malgré lui ou de le rejeter momentanément sur le second plan. Plus le public prit goût aux jouissances superficielles attachées à ce mode d'exécution, plus les compositions de cette nature devinrent insipides et dépourvues de caractère. Toutefois, ce fut pour ainsi dire un bonheur pour l'art que les virtuoses s'adonnassent ainsi à un genre spécialement fait pour eux, car ce fut autant de gagné pour les saines productions de l'art, soustraites par leur propre mérite à de semblables mutilations. Mais l'abus dépassa bientôt ses premières limites, la *virtuosité* devint de plus en plus envahissante, et toute composition musicale dut se résigner, pour avoir sa part des suffrages publics, à servir d'instrument et de prétexte aux expériences capricieuses des exécutants.

Dans quelle situation singulière, en effet, n'est pas tombé aujourd'hui l'art musical: le but véritable a été sacrifié à l'accessoire, ou plutôt c'est l'accessoire qui est devenu le principal but. Ce serait déjà une triste nécessité que l'obligation imposée aux compositeurs d'arranger leurs ouvrages dans l'intérêt de telle ou telle qualité spéciale de l'exécutant, mais on est allé bien plus loin. Le musicien qui veut, aujourd'hui, conquérir la sympathie des masses, est forcé de prendre pour point de départ cet amour-propre intraitable des virtuoses, et de concilier avec une pareille servitude les miracles qu'on attend de son génie. À la vérité, il faut rendre cette justice à l'époque actuelle, qu'elle a produit des artistes qui ont su, en dépit de cette obsession préjudiciable, donner à leur talent un développement idéal et grandiose. Le résultat de leurs efforts a même été de purifier et d'ennoblir la fonction du virtuose. Plusieurs de ceux-ci, en petit nombre il est vrai, et grâce à leur organisation d'élite ont touché aux sommités de l'art, principalement dans le genre instrumental; mais encore ont-ils dû, pour asseoir et soutenir leur réputation, se résigner à capituler avec leur conscience et à sacrifier maintes fois à la mode la pureté de leur goût.

C'est surtout dans l'exercice de la profession du chant que l'abus que nous signalons a pris un empire pernicieux. Depuis longtemps on est convenu de considérer les chanteurs italiens comme le modèle absolu du genre; c'est donc sur eux que porteront principalement nos remarques critiques. Les Italiens sont habitués à s'exercer exclusivement dans la musique dramatique, et, selon nous, il serait bien préférable qu'ils donnassent carrière à leurs talents à la manière des virtuoses instrumentistes et sur l'estrade tapissée de nos salles de concerts; car tout ce qui constitue le matériel d'un opéra, c'est-à-dire les chœurs, l'orchestre, les décors, l'action, tout cela est pour ainsi dire non avenu avec les artistes italiens. Bref, ils sont parvenus à réduire les représentations dramatiques à de simples exhibitions musicales, et à asservir les compositeurs à leurs caprices les plus étranges, et ceux d'entre ces derniers qui jouissent aujourd'hui de quelque renommée, la doivent par-dessus tout à l'excès de leur complaisance et à leur servilité pour leurs ténors ou leurs *prime donne*.

Il y a sans doute dans la manière italienne une séduction particulière, et celui qui a entendu les premiers sujets du Théâtre- Italien de Paris se rend aisément compte de cette prédominance usurpée par l'exécution sur la composition elle-même; mais le plus grand malheur dans un pareil état de choses, c'est que ces artistes merveilleux sont les seuls au monde, et ne sauraient être remplacés d'aucune manière. Mais cela n'empêche pas que la fascination exercée par le succès de leur méthode fait de jour en jour plus de progrès, de telle sorte que le dommage qui en résulte ne laisse vraiment point de compensation à espérer, quelle que soit l'étendue de leur triomphe. Et la gravité de ce dommage est dans l'application du chant italien au genre de l'opéra, car nul ne songerait à contester la valeur de leur talent de virtuoses, s'ils n'exerçaient celui-ci que sur une scène appropriée et dans de justes limites. Mais ils ont annulé au théâtre tout intérêt dramatique, et ils ont persuadé à la majorité du public cette funeste illusion, que leur système satisfait suffisamment aux exigences de la musique dramatique. En effet, les chefs d'emploi de l'école italienne ne se dissimulent pas l'importance de l'action théâtrale, et leur talent incontestable leur a révélé bien des fois le secret de l'émotion dramatique, dans la déclamation de certains morceaux passionnés de leurs rôles, malgré leurs efforts pour réduire ceux-ci aux proportions d'un programme de concert. Il arrive souvent que telle scène ou tel duo de leurs opéras soit connu du public avant la représentation scénique. On y a remarqué des traits admirables de vocalisation et d'effet musical, mais rien de ce qui touche à la passion et au mouvement du drame. Et quelle surprise n'éprouve-t-on pas en entendant ces jolis caprices exécutés par un premier sujet, qui leur fait subir une complète métamorphose, et féconde pour ainsi dire le néant? Tel est le secret de la perdition de la musique italienne. Car non seulement les compositeurs se croient dispensés d'inventer des thèmes caractéristiques; mais c'est, je le répète, une obligation absolue pour eux que de s'effacer constamment, pour laisser tout le mérite de la "création à ces virtuoses de premier ordre. Ainsi l'emploi du chanteur n'est plus de rendre et de traduire les conceptions originales du compositeur, mais de donner carrière à sa propre imagination au gré de sa fantaisie.

Ce qu'il y a d'abusif et de pernicieux dans cet échange de rôles saute bien vite aux yeux, et l'on en déplore surtout les tristes résultats, quand ces mêmes virtuoses entreprennent d'exécuter une œuvre consciencieuse et réellement indépendante. Ainsi, qu'on se rappelle l'exécution de *Don Giovanni,* et l'on sera convaincu de la réalité des griefs que nous venons d'exposer. Comparez les résultats obtenus par ces grands chanteurs luttant contre cet immortel chef-d'œuvre avec l'effet qu'ils produisent dans leur répertoire habituel. Quel prodigieux assemblage de bévues! Comment donc se fait-il que ces artistes si entraînants dans les opéras de Rossini, de Bellini, et même de Donizetti, au point même de nous y faire supposer des traits de génie et des intentions dramatiques là où jamais il n'en a existé, comment ces artistes si habiles, dis-je, sont-ils parvenus à rendre le merveilleux opéra de Mozart ennuyeux? Comment leur inspiration, d'ordinaire si chaleureuse, a-t-elle été, en cette occasion, frappée de tant d'impuissance, que leur triste allure à travers ces prodiges d'harmonie les fait ressembler à des oiseaux privés d'air, ou à des poissons ravis à leur liquide élément? C'est qu'en effet ni l'air ni l'eau n'abondent dans *Don Juan*, tout plein d'un bout à l'autre de ce feu sacré allumé au joyau magique de notre légende.

Ou bien est-ce qu'en effet *Don Juan* ne serait qu'une production pâle et médiocre, et ses mélodies seraient-elles donc trop simples pour inspirer la verve des exécutants? Oh! non, certes! et ces fameux virtuoses, pris isolément, sont les premiers à réfuter, par leur exemple, une accusation aussi injuste. Ainsi l'admirable Lablache ne sait-il pas donner à son rôle d'un bout à l'autre, et sans la moindre altération égoïste, un caractère vraiment idéal? Ses collègues, à la vérité, sont loin de se montrer comme lui à la hauteur de leur tâche, car, habitués comme ils sont à voir leur moindre fioriture saluée par les bravos d'un public frénétique, c'est pour eux un triste contraste que l'accueil plein de froideur, qui répond aux efforts si louables de Lablache.

Nous touchons au point critique qui met en relief tous les effets déplorables de ce système qui donne le pas aux virtuoses d'opéra sur le compositeur. Mais si cet abus a pris tant d'extension et cause tant de scandale dans une troupe d'artistes aussi distingués, qu'on juge de ce qu'il doit produire parmi ces virtuoses vulgaires et de bas étage qui pullulent en tous lieux! Cependant avec des chanteurs comme ceux du Théâtre-Italien, peut-être pourrait-on, par une exception unique, et en raison de la rare perfection de leur talent, pardonner à ce vice d'exécution qui n'en est un que relativement aux textes d'une beauté suprême, et même en adopter le résultat comme un genre d'une nouvelle espèce. Car ce serait une erreur grave que de dénier aussi à l'art du chanteur son indépendance propre et la faculté de créer dans de certaines limites. Il est certain que sous le rapport du mécanisme organique, la portée et les résultats de la voix humaine peuvent être calculés et définis d'une manière précise, mais en la considérant comme un élément spirituel, et dans le ressort des émotions de l'âme, il est difficile d'établir des règles et des démarcations rigoureuses. Il est donc indispensable de laisser à l'exécutant, surtout en matière de musique vocale, une certaine indépendance personnelle; et le compositeur qui se refuserait à une concession semblable tomberait dans l'abus, à son tour, en comprimant le noble essor de l'artiste et le réduisant au rôle servile d'un éplucheur de notes. Ce dernier défaut, soit dit en passant, est fort commun chez les compositeurs allemands. Ils méconnaissent trop cette part d'indépendance qu'il est juste de réserver aux chanteurs. Ils les tourmentent par leurs restrictions et leur rigidité de telle sorte que, très rarement, l'exécution de leurs œuvres répond aux pressentiments de leur imagination.

Sans contredit le musicien qui, en composant son œuvre, sait qu'elle doit être exécutée par un chanteur en renom, a bien le droit d'écrire tel ou tel morceau de manière à faire briller les qualités prédominantes du virtuose, puisque nous voyons une réunion de gens de talent, même en sacrifiant absolument les intentions de la composition, produire un effet qui ne manque ni de pittoresque ni de séduction. Mais, nous le répétons, un pareil système ne peut réussir que dans de rares exceptions, et alors même, les véritables amis de l'art regretteront toujours que l'attrait de l'exécution ne soit pas dû à une plus noble cause.

Le dommage principal résultant de l'empiétement du métier de virtuose sur la composition est surtout, comme nous l'avons déjà dit, déplorable en ce qu'il a envahi tous les genres de musique sans exception. Et rien n'est plus affligeant que de le voir régner même dans l'école de l'opéra français, qui se distinguait tellement par son caractère tranché d'indépendance. Les musiciens français ne subissent pas moins l'obligation d'accoupler à des scènes vraiment dramatiques des parties superflues uniquement destinées à faire briller le chanteur au détriment de la vérité théâtrale. Toutefois, il faut leur rendre cette justice qu'ils témoignent presque toujours d'un goût profond et d'un tact merveilleux, en ménageant autant que possible les conventions scéniques, et en intercalant, pour ainsi dire, en dehors du drame, comme de purs accessoires, ces concessions faites à la mode dominante. C'est une sorte de capitulation polie avec les exigences dépravées du public de nos jours, et à ce titre, elle n'offrirait sans doute qu'un faible inconvénient, s'il n'était à craindre que la préférence marquée des auditeurs pour ce genre de futilités n'exagérât de plus en plus la vanité des virtuoses, et n'entraînât, par la suite, les compositeurs, de concession en concession, à trahir irréparablement les plus sacrés intérêts de l'art. Puissent-ils avoir sans cesse présent à leur souvenir l'exemple de Gluck, leur illustre prédécesseur, et se modeler sur la courageuse persévérance avec laquelle il prouva aux Piccinistes qu'il savait lutter et triompher de ses adversaires sans composer lâchement avec leurs prétentions.

Une visite à Beethoven

Épisode de la vie d'un musicien allemand

« Pauvreté, dure indigence, compagne habituelle de l'artiste allemand, c'est à toi qu'en écrivant ici ces pieux souvenirs, je dois adresser mon invocation première. Je veux te célébrer, toi, ma patronne fidèle, qui m'as suivi constamment en tous lieux; toi qui, de ton bras d'airain, m'as préservé des vicissitudes d'une fortune décevante, et qui m'as si bien abrité contre les rayons enivrants de son soleil, grâce au nuage épais et sombre dont tu as toujours voilé à mes regards les folles vanités de ce monde. Oui, je te remercie de ta sollicitude maternelle; mais ne pourrais-tu pas désormais la pratiquer en faveur d'un nouveau protégé? car la curiosité m'aiguillonne, et je voudrais, ne fût-ce que pour un jour, essayer de l'existence sans ta participation. Pardonne, austère déesse, à cette velléité d'ambition! Mais tu connais le fond de mon cœur, et tu sais quelle dévotion sincère j'aurai toujours pour ton culte, alors même que je cesserais d'être l'objet favori de ta prédilection. Amen! »

L'adoption de cette prière quotidienne doit vous dire assez que je suis musicien, et que l'Allemagne est ma patrie. Une ville de moyenne importance me donna le jour. Je ne sais quelles étaient les vues de mes parents sur ma condition à venir; mais ce que je me rappelle, c'est qu'un soir, ayant entendu une symphonie de Beethoven, j'eus dans la nuit un accès de fièvre, je tombai malade, et qu'après mon rétablissement je devins musicien. Cette circonstance peut expliquer la préférence que je donnai constamment dans la suite aux œuvres de Beethoven, quelque belle musique que j'aie maintes fois entendue. C'était pour moi une affection, une idolâtrie à part. Ma plus vive jouissance fut de me plonger dans l'étude intime, approfondie de ce puissant génie, jusqu'à ce que je crus m'être identifié pour ainsi dire avec lui, jusqu'à ce que mon esprit nourri d'inspirations de plus en plus sublimes me parût être devenu une parcelle de ce rare et merveilleux esprit, jusqu'à ce qu'enfin j'arrivai à cet état d'exaltation que bien des gens traitent de démence.

Folie bien tolérable pourtant, et bien inoffensive. Cela ne me procurait qu'un pain fort sec et une boisson fort crue; car on ne s'enrichit pas en Allemagne à courir le cachet. Après avoir vécu de la sorte assez longtemps dans ma mansarde, je vins un jour à penser que le grand artiste, objet de ma profonde vénération, vivait encore, et j'eus peine à m'expliquer comment cette idée ne m'était pas venue plus tôt. Le fait est que jamais jusque-là je ne m'étais représenté Beethoven sous une forme humaine pareille à la nôtre, et soumis aux besoins et aux appétits de la nature. Et cependant il existait, il vivait à Vienne, et dans une condition à peu près semblable à la mienne. Dès lors je n'eus plus un instant de repos; toutes mes pensées, tous mes désirs étaient dirigés vers un seul but: voir Beethoven. Nul musulman n'entreprit jamais le pèlerinage au tombeau du Prophète avec plus de foi ni d'ardeur que m'en inspirait mon projet. Mais comment m'y prendre pour le mettre à exécution? C'était pour moi une grande affaire que d'aller à Vienne, car il fallait de l'argent pour le voyage, et, pauvre diable que j'étais, je gagnais à peine de quoi subvenir aux plus pressantes nécessités. Il fallait donc avoir recours à des moyens exceptionnels pour me procurer les fonds nécessaires, et ce fut dans ce but que j'allai proposer à un éditeur plusieurs sonates pour le piano que j'avais composées sur le modèle de celles de Beethoven. Le marchand me démontra en peu de mots que je n'étais qu'un fou avec mes sonates, et il me donna le conseil, si je voulais avec le temps gagner quelques écus avec ma musique, de me faire d'abord une petite réputation avec des galops et des pots-pourris. Je frémis d'indignation; mais le désir passionné qui m'obsédait fit taire tous mes scrupules, et je me mis à composer des galops et des pots-pourris. Seulement je m'abstins dans l'intervalle de jeter un seul regard sur les partitions de Beethoven, car j'aurais cru commettre une profanation honteuse. Mais hélas! je ne gagnai rien à avoir sacrifié ainsi mon innocence: l'honnête éditeur me déclara qu'il était indispensable de jeter préalablement les fondements de ma renommée par une ou deux publications gratuites. Je restai pour la seconde fois interdit, et je me retirai, le désespoir dans l'âme. Mais l'excès même du dépit et de la rage me devint propice, car je composai dans cet état plusieurs galops formidables qui me valurent enfin quelques honoraires, et je crus enfin en avoir assez recueilli pour me mettre en route. Deux ans s'étaient écoulés pourtant, et je tremblais sans cesse que Beethoven ne vînt à mourir avant que j'eusse fondé mon crédit sur le mérite de mes galops et de mes pots-pourris. Mais, Dieu soit loué, il avait attendu cette heure mémorable. Ô saint Beethoven! pardonne-moi cette renommée indigne que je n'ai briguée que pour conquérir le bonheur et la gloire de te connaître.

Quelle fut ma joie en me voyant libre enfin d'accomplir mon projet! quel fut mon bonheur en faisant mes préparatifs de départ! Ce fut avec une sainte émotion que je franchis la porte de la ville pour me diriger vers le Sud. J'aurais volontiers pris place dans une diligence, non que je redoutasse la fatigue d'un voyage à pied (quelle épreuve m'eût paru trop pénible pour voir mon souhait exaucé!), mais c'est que je serais ainsi arrivé plus vite à Vienne. Malheureusement, mon renom en qualité de compositeur de galops n'était pas encore devenu assez célèbre pour me permettre une telle commodité. Cette réflexion m'inspira une résignation à toute épreuve, et je me félicitai d'avoir déjà surmonté tant d'obstacles. De quels rêves enchanteurs ne se berçait pas mon imagination! Un amoureux revenant après une longue absence auprès de sa bien-aimée ne sent pas plus délicieusement battre son cœur. Je traversai ainsi les belles campagnes de la Bohême, ce pays privilégié des joueurs de harpe et des chanteurs nomades. Dans un petit bourg, je fis la rencontre d'une de ces nombreuses troupes de musiciens ambulants, orchestre mobile composé d'un violon, d'une basse, d'une clarinette, d'une flûte et de deux cors, sans compter une harpiste et deux chanteuses pourvues d'assez jolies voix. Pour quelques pièces de monnaie, ils exécutaient des airs de danse ou chantaient quelques ballades, et puis ils allaient plus loin recommencer le même manège. Un jour, je les trouvai de nouveau sur mon chemin, campés à l'abri d'un quinconce qui bordait la grande route, et occupés à prendre un frugal repas. Je me présentai à l'escouade comme exerçant le même métier qu'eux, et nous fûmes bientôt amis ensemble. Je m'informai timidement si leur répertoire de contredanses contenait quelques-uns des galops dont j'étais l'auteur; mais, Dieu merci! ils n'en avaient point entendu parler, et leur ignorance me combla de joie. — Mais vous jouez aussi, leur dis-je, d'autre musique que des contredanses? — Sans doute, me répondirent-ils, mais seulement entre nous, et non pas devant le monde. En même temps ils déballèrent leur musique, et mon premier coup d'œil tomba sur le grand septuor de Beethoven. Je leur demandai avec surprise si c'était là un de leurs morceaux favoris. — Pourquoi donc pas? répliqua le plus âgé de la troupe; si Joseph n'avait pas mal à la main, et qu'il pût remplir la partie du premier violon, nous nous donnerions ici même ce plaisir. Dans un transport d'ivresse, je m'emparai vivement du violon de Joseph, en promettant de faire de mon mieux pour le remplacer, et nous entreprîmes aussitôt le septuor.

Quel ravissement d'entendre là, à ciel ouvert, au bord d'une grande route de la Bohême, ce magnifique ouvrage exécuté par une bande de musiciens ambulants avec une pureté, une précision et une profondeur de sentiment telles qu'on les trouve rarement chez les virtuoses les plus huppés. Grand Beethoven! ce fut vraiment un sacrifice digne de ton génie auquel je participai. Nous étions arrivés au finale quand une chaise de poste élégante, que nous n'avions pu apercevoir à cause du coude de la chaussée, s'arrêta silencieusement en face de nous. Un jeune homme d'une taille excessivement élancée, et d'un blond non moins exagéré, était étendu sur les coussins, et prêtait à nos accords une oreille attentive; puis il tira de sa poche un agenda pour y consigner quelques notes, et après avoir jeté devant nous une pièce d'or, il continua sa route en adressant à son domestique quelques mots d'anglais.

Cet événement nous interloqua un peu; heureusement que le septuor était fini. J'embrassai mes nouveaux amis, et je me disposai à faire route avec eux; mais ils me dirent qu'ils allaient prendre les chemins de traverse pour se rendre à leur village natal. Je les aurais certainement suivis, si mon voyage n'avait pas eu un but aussi solennel. Enfin, nous nous séparâmes avec une émotion réciproque. Plus tard je me rappelai que personne n'avait ramassé la pièce d'or du voyageur anglais.

Dans la première auberge où j'entrai pour manger un morceau, je trouvai mon gentleman attablé devant un copieux dîner. Il m'examina longtemps avec curiosité, et m'adressant enfin la parole en mauvais allemand, il me demanda ce qu'étaient devenus mes camarades. — Ils sont retournés chez eux, lui dis-je. — Eh bien! prenez votre violon, me dit-il, et jouez-moi quelque chose; voici de l'argent. Blessé de cette injonction, je lui répondis que je n'étais pas un artiste mercenaire, et que d'ailleurs je n'avais pas de violon; et enfin je lui fis le récit de ma rencontre avec ces musiciens. — Des musiciens excellents! repartit l'Anglais, et dignes de la belle symphonie de Beethoven. Frappé à mon endroit sensible, je demandai à l'Anglais s'il faisait aussi de la musique. —*Yes*! me dit-il, je joue de la flûte deux fois par semaine, le jeudi je donne du cor de chasse, et le dimanche je compose. » Voilà, me dis-je, un temps bien employé! Jamais je n'avais entendu parler d'artiste anglais en tournée, et je jugeai que celui-ci devait faire de bien bonnes affaires pour courir le pays en si brillant équipage. — Vous êtes donc musicien de profession? lui dis-je. Il me fit longtemps attendre sa réponse; enfin il me dit, en appuyant lentement sur ses paroles, qu'il avait beaucoup d'argent. Je compris soudain ma méprise, et je vis bien que ma question l'avait choqué. Je dissimulai mon embarras en gardant le silence, et je terminai à l'écart mon modeste repas. L'Anglais, qui m'avait considéré de nouveau avec attention, se rapprocha de moi et me dit: — Connaissez-vous Beethoven? — Je ne suis pas encore allé à Vienne, répondis-je, mais je m'y rends actuellement, et c'est précisément pour satisfaire mon ardent désir de voir cet illustre maître. — D'où venez-vous? ajouta-t-il. — De la ville de L... — Oh! ce n'est pas loin; moi, je viens d'Angleterre, et c'est aussi dans l'unique but de connaître la personne de Beethoven. Eh bien! nous le visiterons ensemble. C'est un bien grand compositeur!

Quelle bizarre rencontre! dis-je en moi-même. Ô mon illustre maître! quels pèlerins de nature diverse attire ta célébrité! Riche et pauvre cheminent à la fois sur la même route pour venir contempler tes traits! — Cet Anglais m'intéressait, mais je ne lui enviais pas son équipage; il me semblait que j'accomplissais avec mes humbles ressources une action plus digne que la sienne, et que j'en recueillerais une joie plus parfaite et plus pure que celui qu'escortait tant de luxe et d'aisance. Le cornet du postillon retentit, et l'Anglais remonta en voiture en me criant, pour adieu, qu'il verrait Beethoven avant moi.

Après avoir marché quelques heures, je rejoignis le gentleman sur la grande route. Une roue de sa voiture s'était brisée, mais il n'en restait pas moins tranquillement assis à sa place, aussi bien que le domestique sur son siège extérieur. J'appris qu'ils attendaient ainsi le postillon qui était allé quérir un charron à un village assez éloigné. Il était parti depuis longtemps, me dit le maître; et comme son domestique ne savait parler qu'anglais, je me décidai à aller moi-même presser son retour. Je le trouvai en effet dans un bouchon occupé à boire, et ne s'embarrassant guère de son gentleman. Je le ramenai cependant avec le charron, et, le dommage réparé, l'Anglais repartit en me promettant de m'annoncer chez Beethoven.

Quel fut mon étonnement de rejoindre encore une fois, le jour suivant, le noble voyageur arrêté de nouveau sur la route. Mais cette fois il ne s'agissait plus d'une roue brisée; il stationnait paisiblement au bout de la chaussée, et parut fort aise de me voir paraître, traînant un peu la jambe. — Oh! me dit-il, il y a quatre heures que j'attends là exprès pour vous, car je me suis repenti de ne pas vous avoir proposé hier de m'accompagner: il vaut mieux se faire traîner que d'aller à pied; montez à côté de moi. Surpris de ce procédé, je balançai quelque temps à répondre; mais je me souvins du vœu que j'avais prononcé à l'auberge d'accomplir en dépit de tous les obstacles mon saint pèlerinage à pied: j'en fis donc à l'Anglais la déclaration formelle, et ce fut son tour de s'étonner. Il me répéta son offre, en ajoutant expressément qu'il avait attendu plusieurs heures; mais je restai inébranlable, et il partit seul, ne comprenant rien à mon refus. Dans le fond, je me sentais pour cet homme une secrète répugnance, et je ne sais quel pressentiment m'avertissait de me défier de sa funeste influence. Et puis son enthousiasme pour Beethoven et cette curiosité de le connaître me paraissait plutôt être le caprice d'un riche désœuvré que le vif et pur sentiment d'une admiration réfléchie. Je préférai donc de ne pas profaner par une liaison inconsidérée la piété sincère qui me faisait agir.

Mais, hélas! comme pour préluder aux tristes désappointements que me réservait ma mauvaise étoile, et dont cet Anglais devait être l'instrument, nous nous trouvâmes encore le soir même face à face à la porte d'une autre hôtellerie, où il semblait s'être arrêté à dessein pour m'attendre; car je le trouvai assis dans sa voiture, tourné du côté de la route par où je devais arriver. — C'est vous que j'attendais depuis longtemps, me dit-il comme la première fois; voulez-vous que nous allions ensemble voir Beethoven? Cette fois ma surprise céda en moi à un sentiment de répulsion instinctif. Cette opiniâtreté à m'obliger malgré moi me paraissait inexplicable, à moins que l'Anglais ne prît à tâche de vaincre ma résistance, parce qu'elle choquait sa susceptibilité, et pour humilier mon amour-propre. Je repoussai donc sa proposition en laissant percer toute l'humeur qu'elle m'inspirait. Alors il s'écria: — Goddam! vous estimez donc bien peu Beethoven! Moi je le verrai bientôt. Et il donna le signal du départ.

Ce fut définitivement la dernière fois que je revis ce singulier voyageur avant d'arriver à Vienne. Enfin j'atteignis la barrière de cette capitale; j'étais au terme de mon pèlerinage. Je vous laisse à juger quelles furent mes émotions en pénétrant dans la Mecque de mes désirs. J'oubliai soudain tous les soucis, toutes les fatigues de la route; je foulais le même sol où reposait la demeure de Beethoven!… J'étais trop agité pour songer à la réalisation immédiate de mes vœux les plus chers; je m'informai seulement du quartier qu'habitait le grand compositeur, afin de me loger autant que possible dans son voisinage. Presqu'en face de sa demeure, je trouvai un hôtel de modeste apparence, où je louai une petite chambre au cinquième étage, et là je me préparai à l'événement le plus solennel de ma vie. Je consacrai deux jours au repos, et après avoir jeûné et prié, indifférent à tout le reste, je m'encourageai de mon mieux, et je me dirigeai tout droit vers la maison consacrée par le génie. Mais on me dit que M. Beethoven n'était pas chez lui. Je ne sais pourquoi j'en fus bien aise, je me retirai, et me livrai à un nouveau recueillement. Le lendemain, après avoir essuyé quatre fois la même réponse, toujours plus rudement accentuée, je me persuadai que j'avais choisi un jour malencontreux, et je n'insistai pas davantage.

Comme je rentrais à mon hôtel, quelqu'un qui se trouvait à la croisée du premier étage m'adressa un salut amical: c'était mon voyageur anglais. — Avez-vous vu Beethoven? me dit-il. — Pas encore, il n'y était pas, lui répondis-je, fort surpris de cette rencontre inattendue. Alors il vint au-devant de moi sur l'escalier, et m'obligea avec une extrême affabilité à entrer chez lui. — Monsieur, me dit-il, je vous ai vu vous présenter cinq fois au logis de Beethoven. Il y a déjà plusieurs jours que je suis ici, et c'est pour être voisin de sa demeure que je me suis logé dans ce vilain hôtel. Je vous assure qu'il est très difficile de l'aborder. Ce gentleman est très lunatique. En arrivant, je me suis présenté chez lui jusqu'à six fois par jour, et j'ai été constamment éconduit. À présent, j'ai pris le parti de me lever de très bonne heure et de me poster à cette fenêtre, où je reste jusqu'au soir pour épier la sortie du maestro. Mais je commence à croire qu'il ne sort jamais de chez lui. — Ainsi, m'écriai-je, vous croyez donc que Beethoven était aujourd'hui chez lui, et qu'il m'a refusé sa porte? — Positivement! répliqua-t-il; nous sommes consignés l'un et l'autre, et cela est fort désagréable pour moi, qui n'ai fait le voyage que pour le voir, et nullement pour la cité de Vienne. Cette confidence m'affligea. Je fis pourtant le lendemain une nouvelle tentative; mais elle fut aussi vaine que les autres; l'entrée du paradis m'était décidément interdite. Mon Anglais qui, de son balcon, suivait de l'œil mes allées et venues avec une attention scrupuleuse, avait acquis la certitude, par des informations précises, que Beethoven habitait le corps de logis postérieur de la maison, ce qui le désolait fort, mais il n'en persévérait pas moins opiniâtrement dans son système d'observation. Ma patience, au contraire, fut bientôt à bout, et j'avais pour cela des raisons majeures. Une semaine s'était écoulée déjà en démarches infructueuses, et le produit limité de mes galops ne me permettait pas de prolonger beaucoup mon séjour à Vienne.

Le désespoir commençait à me gagner. Enfin, je confiai mon désappointement au maître de l'hôtel, et celui-ci me promit de m'aplanir tous les obstacles, mais à condition de ne rien révéler à l'Anglais. Tout disposé à me méfier de ce malencontreux personnage, je prêtai volontiers le serment qu'on me demandait. — Voyez-vous, me dit l'honnête hôtelier, il vient ici une kyrielle d'Anglais pour voir M. Beethoven et lier connaissance avec lui, ce qui le contrarie à l'excès, et leur indiscrète curiosité le met tellement hors de lui-même qu'il s'est déterminé à fermer sa porte à tous les étrangers sans exception. C'est un homme un peu original, et il faut l'excuser. Cela fait, du reste, fort bien les affaires de mon hôtel, car j'ai toujours ici bon nombre d'Anglais dans l'expectative, qui, grâce à la difficulté d'aborder M. Beethoven, sont obligés de séjourner ici plus longtemps. Mais puisque vous me promettez de ne donner l'alarme à personne, j'espère vous procurer incessamment la faveur d'être introduit auprès de M. Beethoven.

Ainsi chose plaisante! c'était parce qu'on me confondait, moi, pauvre diable, avec MM. les touristes anglais que je n'avais pu réussir dans mon pieux dessein. Oh! mes pressentiments n'étaient que trop vérifiés. Je devais à l'Anglais maudit la plus amère des déceptions. Je me déterminai aussitôt à déménager, car il était clair que tous les hôtes de cette auberge passaient chez Beethoven pour autant d'Anglais, et c'était là le motif de ma cruelle exclusion. Cependant la promesse de l'hôte de me faire obtenir une entrevue de Beethoven m'empêcha de partir. L'Anglais, de son côté, lui que je détestais à présent de toute mon âme, n'avait épargné aucune intrigue, aucun embauchement pour arriver à son but, mais il avait échoué néanmoins contre la rigoureuse consigne. Plusieurs jours se passèrent pourtant encore sans aucun résultat et les revenus de mes galops baissaient sensiblement, quand enfin mon hôte me confia que je ne pouvais manquer de voir de près Beethoven, en me rendant le soir dans une certaine brasserie où il avait l'habitude d'aller, et il me donna en même temps des renseignements détaillés qui devaient m'aider à reconnaître le grand artiste. Je me sentis revivre, et je résolus de ne pas remettre mon bonheur au lendemain. Il était impossible de saisir Beethoven à son passage dans la rue, car il sortait toujours de chez lui par une porte de derrière. Il ne me restait donc que la brasserie; mais je l'y cherchai ce jour-là inutilement, et il en fut de même durant trois soirées consécutives. Enfin, le quatrième jour, comme je me dirigeais de nouveau vers la brasserie, je remarquai avec désespoir que l'Anglais me suivait de loin avec circonspection. Le malheureux, toujours posté à sa croisée, avait remarqué ma sortie à heure fixe, cela l'avait frappé, et, persuadé que je devais, pour en agir ainsi, avoir découvert le secret qui donnait accès près de Beethoven, il s'était décidé à me suivre, pour profiter de nia découverte. Il me raconta tout avec une naïve franchise, et finit par me déclarer qu'il me suivrait partout. J'eus beau protester que le but de ma promenade était tout simplement une modeste brasserie, beaucoup trop modeste pour mériter la visite d'un gentleman aussi distingué, il fut inébranlable dans sa résolution, et je maudissais ma triste destinée. Je cherchai à la fin à me défaire de lui par l'incivilité de mes procédés, mais il parut n'y attacher aucune importance, et se contentait de sourire doucement. Son idée fixe était de voir Beethoven, et il se souciait peu du reste.

Effectivement, je devais ce jour-là même jouir enfin pour la première fois de la vue de l'illustre compositeur. Rien ne saurait peindre mon ravissement et ma secrète rage tout à la fois, quand, assis côte à côte avec mon gentleman, je vis s'avancer le musicien allemand dont la tournure et les manières répondaient de tout point au signalement que m'avait fourni l'aubergiste. Une taille élevée, que dessinait une longue redingote bleue, des cheveux gris ébouriffés, et les mêmes traits, la même expression de visage que depuis si longtemps évoquait mon imagination. Il était impossible de s'y tromper, et je l'avais reconnu au premier coup d'œil. Il s'avança vivement, quoiqu'à petits pas, de notre côté. Le respect et la surprise enchaînaient tous mes sens. L'Anglais ne perdit pas un seul de mes mouvements, et examinait d'un œil curieux le nouveau venu, qui, après s'être retiré, dans l'endroit le plus écarté du jardin, peu fréquenté, du reste, à cette heure, se fit apporter par le garçon une bouteille de vin, et puis demeura quelque temps dans une attitude pensive, les mains appuyées sur le pommeau de sa canne. Mon cœur palpitant me disait: c'est lui! Pendant quelques minutes, j'oubliai mon voisin, et je contemplai d'un regard avide, avec une émotion indéfinissable, cet homme de génie qui seul maîtrisait tous mes sentiments et toutes mes idées, depuis que j'avais appris à penser et à sentir. Involontairement je me mis à parler tout bas, et j'entamai une sorte de soliloque qui se termina par ces mots trop significatifs: « Beethoven! c'est donc toi que je vois! » Mais rien n'échappa à mon inquisiteur, et je fus subitement réveillé de ma profonde extase par ces paroles confirmatives: — Yes! ce gentleman est Beethoven lui-même! venez avec moi et abordons-le tous deux.

Plein d'anxiété et de dépit, je saisis par le bras le maudit Anglais pour le retenir à sa place: « Qu'allez-vous faire? lui dis-je; voulez-vous donc nous compromettre, ici, sans plus de cérémonie?...

— Mais, répliqua-t-il, c'est une excellente occasion, qui ne se retrouvera peut-être jamais. En même temps, il tira de sa poche une espèce d'album, et se dirigea tout droit vers l'homme à la redingote bleue. Exaspéré au dernier point, je saisis de nouveau cet insensé par les basques de son habit, en lui criant avec force: — Avez-vous donc le diable au corps!

Cette altercation éveilla l'attention de l'étranger. Il paraissait deviner avec un sentiment pénible qu'il était l'objet de ce conflit, et s'étant empressé de vider son verre, il se leva pour s'en aller. Mais l'Anglais s'en fut à peine aperçu qu'il fit un violent effort pour s'arracher à ma contrainte, et me laissant un pan de son frac entre les mains, il se précipita sur le passage de Beethoven. Celui-ci chercha à l'éviter, mais le traître ne lui en laissa pas la faculté, il lui adressa un élégant salut selon les règles de la fashion britannique, et l'apostropha en ces termes: — J'ai l'honneur de me présenter au très illustre compositeur et très honorable monsieur Beethoven. — Il fut dispensé d'en dire davantage, car à la première syllabe Beethoven avait fait un écart rapide, et en jetant un regard furtif de mon côté, avait franchi le seuil du jardin avec la rapidité de l'éclair. Cependant l'imperturbable Anglais se disposait à courir après lui; mais je l'arrêtai d'un mouvement furieux en m'accrochant à sa dernière basque, et lui, se retournant d'un air surpris, dit avec un ton singulier: — Goddam! ce gentleman est digne d'être Anglais. C'est un bien grand homme, et je ne tarderai pas à faire sa connaissance.

Je demeurai pétrifié; cette affreuse aventure m'ôtait désormais tout espoir de voir s'accomplir le plus ardent de mes vœux.

Je restai convaincu dès lors que toutes mes démarches pour avoir accès auprès de Beethoven seraient désormais infructueuses; et, d'après la position de mes finances, je n'avais plus d'autre parti à prendre que de retourner sur mes pas, ou bien de risquer encore, pour parvenir à mon but, quelque tentative désespérée. La première alternative me faisait frissonner; et qui ne se serait pas révolté à l'idée de se voir à jamais exclu du port après en avoir déjà franchi le seuil? Avant de subir une aussi cruelle déception, je résolus donc de tenter un suprême effort. Mais à quel procédé avoir recours? Quel chemin pouvait m'offrir l'issue favorable? Je fus longtemps sans rien imaginer d'ingénieux. Toutes mes facultés, hélas! étaient frappées d'atonie, et mon esprit était uniquement préoccupé de ce que j'avais vu tandis que j'étais accroché aux basques du maudit Anglais. Le regard furtif que m'avait lancé Beethoven dans cette affreuse conjoncture n'était que trop significatif: il m'avait assimilé à un Anglais! Comment détruire cette funeste prévention dans l'esprit du grand compositeur? Comment lui faire savoir que j'étais un franc et naïf Allemand, aussi pauvre d'argent que riche d'enthousiasme? — Enfin, je me décidai à soulager mon cœur oppressé en lui écrivant. Je traçai donc sur le papier une brève histoire de ma vie; je lui racontais de quelle manière j'étais devenu musicien, quelle adoration je professais pour son génie, et quelle était ma tentation de le connaître et de le voir de près. Je ne lui cachais pas que j'avais sacrifié, pour y parvenir, deux années entières à me créer une réputation dans la facture des galops et des pots-pourris; enfin, je lui décrivais les détails de mon pèlerinage et quelles souffrances m'avaient causées la rencontre et l'obstination de l'horrible touriste anglais.

Tout en rédigeant ce récit de mes infortunes, mon cœur se dilatait, et j'arrivai, en finissant ma lettre, à une sorte d'épanchement confidentiel qui m'inspira même quelques reproches nettement articulés sur sa cruauté à mon égard et l'injustice de ses soupçons. Ma péroraison était pleine de feu, et j'eus pour ainsi dire un éblouissement en relisant l'adresse que je venais d'écrire: À Monsieur Louis de Beethoven. J'adressai au Ciel une muette prière, et j'allai moi-même remettre ma lettre au concierge.

Mais en rentrant à mon hôtel, ivre d'espérance, quel fut mon désappointement en apercevant encore l'Anglais à sa fenêtre! Il m'avait vu sortir de la maison de Beethoven; il avait remarqué l'expression joyeuse et fière de ma physionomie, et il n'en fallait pas davantage pour réveiller les importunités de sa malveillance tyrannique. Il vint à ma rencontre sur l'escalier en me disant: — Eh bien! bon espoir! Quand reverrons-nous Beethoven? — Jamais, jamais! lui dis-je; Beethoven ne sera plus visible pour vous. Laissez-moi, monsieur! il n'y a rien de commun entre nous! — Oh! pardonnez-moi, répondit-il; et la basque de mon habit? De quel droit, monsieur, avez-vous agi ainsi avec moi? C'est vous qui êtes cause de la réception que m'a faite M. Beethoven. Il est clair qu'il a dû se formaliser de cette inconvenance.

Outré d'une aussi ridicule prétention, je m'écriai: — Monsieur, je vous rendrai la basque de votre frac. Vous pourrez le conserver comme un souvenir honteux de votre offense envers l'illustre Beethoven, et de vos persécutions inouïes envers un pauvre musicien. Adieu, monsieur, et puissions-nous ne jamais nous revoir! Il chercha à me retenir, en me disant, pour me tranquilliser, qu'il avait encore bon nombre d'habits en parfait état, et me demandant par grâce de lui apprendre quel jour Beethoven consentirait à nous recevoir. Mais je m'élançai avec impétuosité jusqu'à ma mansarde, et je m'y enfermai pour attendre impatiemment la réponse à ma lettre.

Comment exprimer ce qui se passa en moi lors qu'au bout d'une heure à peu près, on m'apporta un petit fragment de papier à musique sur lequel étaient tracées à la hâte les lignes suivantes:

« Pardonnez-moi, monsieur R…, de ne pouvoir vous recevoir que demain avant midi, étant occupé aujourd'hui à préparer un paquet de musique, qui doit partir par le courrier. Demain je vous attendrai.

« BEETHOVEN. ».

Je tombai involontairement à genoux, les yeux baignés de larmes délicieuses, et je rendis grâce à Dieu de cette insigne faveur. Mon ravissement se traduisit ensuite par des bonds sauvages, et je me livrai dans ma petite chambre aux contorsions les plus folles. J'ignore quelle figure de danse j'exécutai dans mon délire; mais je me rappelle encore avec quelle confusion je m'interrompis subitement en entendant quelqu'un qui semblait m'accompagner en sifflant l'air d'un de mes galops. Rendu à mon sang-froid par cette allusion ironique, je pris mon chapeau, je sortis de l'hôtel, et je m'élançai à travers les rues de Vienne, léger et fringant comme un écolier en maraude. Mes tribulations, hélas! m'avaient jusque-là fait oublier que j'habitais Vienne. Aussi combien ne fus-je pas alors émerveillé du brillant aspect de cette ville impériale! Dans mon état d'exaltation, tout s'offrait à moi sous les plus séduisantes couleurs. La sensualité superficielle des habitants me paraissait une ardeur vitale pleine de fécondité, et dans leur manie de jouissances futiles et éphémères, je ne voyais qu'une active passion de l'art et du beau. Je lus les cinq affiches journalières des spectacles, dont l'une portait en gros caractères l'annonce de *Fidelio*, musique de Beethoven.

Comment me dispenser d'une semblable fête, malgré la piteuse situation de ma bourse? On commençait l'ouverture au moment même où j'entrais au parterre. Je reconnus aussitôt que c'était un remaniement de l'opéra donné d'abord sous le titre de *Léonore*, et qui, à l'honneur du public viennois, n'avait obtenu à sa première apparition aucun succès. On ne peut nier, à la vérité, que l'ouvrage n'ait beaucoup gagné à son remaniement; mais cela vient surtout de ce que l'auteur du second libretto offrit au musicien plus d'occasions de développer son brillant génie; *Fidelio* possède d'ailleurs en propre ses admirables finales et plusieurs autres morceaux d'élite. Je ne connaissais, du reste, que l'opéra primitif. Qu'on juge donc de mon ravissement à l'audition de ce nouveau chef-d'œuvre! Une très jeune fille était chargée du rôle de Léonore; mais cette actrice paraissait tellement s'être identifiée, dès son âge le plus tendre, avec le génie de Beethoven, qu'elle remplissait sa tâche avec une énergie poétique faite pour émouvoir l'âme la plus insensible; elle s'appelait Schrœder. Qui ne connaît aujourd'hui la réputation européenne de la cantatrice qui porte maintenant le double nom de Schrœder-Devrient? À elle appartient la gloire d'avoir révélé au public allemand le sublime mérite de *Fidelio*, et je vis ce soir-là le parterre étourdi de Vienne fasciné et fanatisé par son merveilleux talent. Pour ma part, j'étais ravi au troisième ciel.

Je ne pus fermer l'œil de la nuit. C'en était trop de ce que je venais d'entendre et du bonheur que me réservait le lendemain, pour que mes sens se laissassent captiver par l'illusion décevante d'un rêve. Je demeurai donc éveillé, livré à une ardente extase et tâchant de préparer dignement mes idées à l'entrevue solennelle qui m'était promise. Enfin le jour parut. J'attendis avec anxiété l'heure la plus convenable pour me présenter, et quand elle sonna, je tressaillis jusqu'à la moelle des os, enivré du bonheur dont j'allais jouir après tant de traverses et de mécomptes.

Mais une horrible épreuve m'attendait encore. Je trouvai froidement accoudé contre la porte de la maison de Beethoven un homme, un démon, cet Anglais acharné. Le diabolique personnage avait semé l'or de la corruption, et l'aubergiste vendu tout le premier à mon implacable ennemi, l'aubergiste qui avait lu le billet non cacheté de Beethoven, avait tout révélé au gentleman. Une sueur froide m'inonda à sa vue. Tout mon enthousiasme, toute la poésie de mes rêves furent glacés, anéantis; je retombai sous la griffe maudite de mon mauvais ange.

— Venez! me dit-il dès qu'il m'aperçut, allons! entrons chez Beethoven. Je voulus d'abord le dérouter en niant que tel fût l'objet de ma démarche; mais il m'en ôta bientôt la faculté en m'avouant par quel moyen il avait surpris mon secret, et il affirma qu'il ne me quitterait pas avant d'avoir vu Beethoven avec moi. J'essayai d'abord de lui démontrer combien son projet était déraisonnable: vaines paroles! Je me mis en colère et m'efforçai de le quereller: vains efforts! À la fin, j'espérai pouvoir me soustraire à cette contrainte par la vivacité de mes jambes; je montai l'escalier quatre à quatre, et tirai violemment le cordon de la sonnette. Mais avant qu'on eût ouvert la porte, l'Anglais m'avait atteint, et se cramponnant par derrière à mon habit: — J'ai, me dit-il, un droit sur vos basques, et je ne lâcherai prise, mon cher, que devant Beethoven lui-même! Poussé à bout, je me retourne avec fureur, presque résolu à me servir des voies de fait pour me débarrasser de l'orgueilleux insulaire, quand la porte s'ouvre, et une vieille gouvernante, d'une mine assez revêche, à l'aspect de cet étrange conflit, s'apprêtait déjà à la refermer. Dans une angoisse extrême, je criai mon nom avec éclat en protestant que Beethoven lui-même m'avait donné rendezvous à cette heure. Mais la vieille ne paraissait pas parfaitement convaincue, tant la vue du gentleman lui inspirait une juste méfiance, lorsque Beethoven parut lui-même sur la porte de son cabinet. Je m'avançai aussitôt pour lui présenter mes excuses, mais j'entraînai à ma suite l'Anglais damné qui ne m'avait pas lâché, et qui en effet ne me laissa libre que lorsque nous fûmes précisément en face de Beethoven. Je dis à celui-ci mon nom qu'il ne pouvait comprendre étant complètement sourd, mais pourtant il parut deviner que c'était moi qui lui avais écrit la veille. Alors il me dit d'entrer; et aussitôt, sans se laisser troubler le moins du monde par la contenance pleine de surprise de Beethoven, l'Anglais se glissa sur mes pas dans le cabinet.

J'étais donc enfin dans le sanctuaire; mais la gêne affreuse où me jetait l'incroyable procédé de mon compagnon m'ôtait toute la sérénité d'esprit qui m'eût été nécessaire pour apprécier toute l'étendue de mon bonheur. Beethoven n'avait dans son extérieur, il faut en convenir, rien de séduisant. Vêtu d'un négligé fort en désordre, il avait le corps ceint d'une écharpe de laine rouge. Son abondante chevelure grise encadrait son visage, et l'expression de ses traits, sombre et même dure, n'était guère capable de mettre un terme à mon embarras. Nous nous assîmes devant une table couverte de papiers; mais une préoccupation pénible nous dominait tous, personne ne parlait, et Beethoven était visiblement contrarié de donner audience à deux personnes au lieu d'une. Enfin il me dit d'un ton brusque: — Vous venez de L...? J'allais lui répondre, mais il m'arrêta en me présentant une main de papier avec un crayon, et il ajouta: — Ecrivez, s'il vous plaît. Je n'entends pas.

J'étais instruit de la surdité de Beethoven, et pourtant ce fut comme un coup de poignard que ces mots articulés de sa voix rauque: Je n'entends pas! Vivre dans la pauvreté et les privations, n'avoir au monde d'autre consolation, d'autre joie que la pensée de sa puissance comme musicien, et se dire, à toute heure, à toute minute: Je n'entends pas!... Je lus dans ce seul mot tout le secret de l'aspect défavorable de Beethoven; je compris la raison de cette tristesse profonde empreinte dans sa physionomie, de la sombre humeur de son regard, et du dépit concentré d'ordinaire sur ses lèvres: il n'entendait pas!... Plein de trouble et d'émotion, et à peine maître de moi, j'écrivis pourtant quelques mots d'excuse accompagnés d'une brève explication des circonstances qui avaient amené chez lui l'Anglais à mes trousses. Celui-ci était demeuré immobile, en silence, et très satisfait de lui-même, en face de Beethoven qui, après avoir lu mes lignes manuscrites, lui demanda assez brusquement ce qu'il y avait pour son service.

— J'ai l'honneur, répliqua l'Anglais... — Monsieur, dit Beethoven, je ne vous entends pas, et je ne puis pas beaucoup parler non plus. Écrivez ce que vous désirez de moi. L'Anglais réfléchit un moment, puis il tira de sa poche un élégant album de musique, en me disant : Très bien ! voulez-vous écrire que je prie M. Beethoven d'examiner mes compositions, et s'il y trouve quelque passage qu'il n'approuve pas, de vouloir bien les signaler par une croix.

J'écrivis sa réclamation mot à mot dans l'espoir d'être bientôt débarrassé de sa présence ; et j'avais deviné juste. Beethoven, après avoir lu, écarta de la main sur la table, avec un étrange sourire, l'album de l'Anglais, et lui dit enfin : Je vous le renverrai, monsieur. Mon gentleman enchanté se leva, fit une superbe révérence, et se retira.

Je respirai enfin ! La physionomie de Beethoven lui-même perdit quelque chose de son austérité, il me considéra quelques secondes, et me dit : « Cet Anglais paraît vous avoir beaucoup tourmenté ; consolez-vous-en avec moi, car il y a longtemps que je suis en butte à ces odieuses persécutions. Ils viennent visiter un pauvre musicien comme ils iraient voir une bête curieuse. Je suis peiné de vous avoir un moment confondu avec cette sorte de gens. Votre lettre témoigne que mes compositions vous ont satisfait ; cela me fait plaisir, car j'ai renoncé à peu près à conquérir les suffrages de la multitude ». Ces paroles simples et familières dissipèrent toute ma timidité, et, pénétré de joie, j'écrivis que j'étais loin assurément d'être le seul qui brûlât du même enthousiasme pour les productions de son brillant génie, et que le plus ardent de mes vœux serait de le voir un jour dans l'enceinte de ma ville natale, où il jouirait de l'admiration unanime inspirée par son talent.

— Les Viennois, en effet, me dit-il, m'impatientent souvent, ils entendent journellement trop de futilités déplorables pour pouvoir écouter de la musique sérieuse avec la gravité convenable.

Je voulus réfuter cette critique en citant les transports dont j'avais été témoin la veille à la représentation de *Fidelio*. — Hum, hum ! fit-il, *Fidelio* ?... Mon Dieu, c'est par vanité personnelle qu'ils applaudissent cet ouvrage de la sorte, à cause de la docilité pour leurs conseils dont ils s'imaginent que j'ai fait preuve dans le remaniement de cette partition, et ils croient que leur approbation de commande est une parfaite compensation de mon pénible travail. Ce sont de braves gens, mais légers de science ; et c'est pour cela, du reste, que leur société me plaît davantage que la vôtre, messieurs les érudits. Du reste, comment trouvez-vous *Fidelio* maintenant ?

— Je lui fis part de l'impression délicieuse que j'avais ressentie la veille, en observant que l'adjonction des nouveaux morceaux avait merveilleusement modifié et complété tout l'ensemble. — Maudite besogne ! répartit Beethoven. L'opéra n'est point mon fait ; du moins je ne connais pas de théâtre au monde pour lequel je voudrais m'engager à composer un nouvel ouvrage. Si j'écrivais une partition conformément à mes propres instincts, personne ne voudrait l'entendre, car je n'y mettrais ni ariettes, ni duos, ni rien de tout ce bagage convenu qui sert aujourd'hui à fabriquer un opéra, et ce que je mettrais à la place ne révolterait pas moins les chanteurs que le public. Ils ne connaissent tous que le mensonge et le vide musical déguisés sous de brillants dehors, le néant paré d'oripeaux. Celui qui ferait un drame lyrique vraiment digne de ce nom passerait pour un fou, et le serait en effet, s'il exposait son œuvre à la critique du public, au lieu de la garder pour lui seul.

— Et comment lui demandai-je, faudrait-il s'y prendre pour composer un semblable opéra? — Comme Shakespeare dans ses drames, répondit-il; et il ajouta: Quand on consent à adapter au timbre de voix d'une actrice de ces misérables colifichets musicaux destinés à lui procurer les bravos frénétiques d'un parterre frivole, on est digne d'être rangé dans la classe des coiffeurs ou des fabricants de corsets, mais il ne faut pas aspirer au titre de compositeur. Quant à moi, de semblables humiliations me répugnent. Je n'ignore pas que bien des gens raisonnables, tout en me reconnaissant un certain mérite en fait de composition instrumentale, se montrent beaucoup plus sévères à mon égard au sujet de la musique vocale. Ils ont raison, si par musique vocale ils entendent la musique d'opéra, et Dieu me préserve à jamais de me complaire à des niaiseries de ce genre.

Je me permis de lui demander si jamais quelqu'un avait osé, après avoir entendu sa cantate d'*Adélaïde*, lui refuser la vocation la plus caractérisée pour le genre de la musique vocale. — Eh bien! me répondit-il après une courte pause, *Adélaïde* et quelques autres morceaux de la même nature ne sont que des misères qui tombent assez tôt dans le domaine de la vulgarité, pour fournir aux virtuoses de profession un thème de plus qui puisse servir de cadre à leurs tours de force gutturaux. Mais pourquoi la musique vocale n'offrirait-elle pas, aussi bien que le genre rival, matière à une école sévère et grandiose? La voix humaine est pourtant un instrument plus noble et plus beau que tout autre; pourquoi ne pourrait-on pas lui créer un rôle aussi indépendant? Et à quels résultats inconnus ne conduirait pas un pareil système? Car la nature si multiple des voix humaines, et en même temps si différente de celle de nos instruments, donnerait à cette nouvelle musique un caractère tout spécial en lui permettant les combinaisons les plus variées. Les sons des instruments, sans qu'il soit possible pourtant de préciser leur vraie signification, préexistaient en effet dans le monde primitif comme organes de la nature créée, et avant même qu'il y eût des hommes sur terre pour recueillir ces vagues harmonies. Mais il en est tout autrement du génie de la voix humaine; celle-ci est l'interprète directe du cœur humain, et traduit nos sensations abstraites et individuelles. Son domaine est donc essentiellement limité, mais ses manifestations sont toujours claires et précises. Eh bien! réunissez ces deux éléments; traduisez les sentiments vagues et abrupts de la nature sauvage par le langage des instruments, en opposition avec les idées positives de l'âme représentées par la voix humaine, et celle-ci exercera une influence lumineuse sur le conflit des premiers, en réglant leur élan et modérant leur violence. Alors le cœur humain s'ouvrant à ces émotions complexes, agrandi et dilaté par ces pressentiments infinis et délicieux, accueillera avec ivresse, avec conviction, cette espèce de révélation intime d'un monde surnaturel.

Ici Beethoven essoufflé s'arrêta un moment, puis il reprit en soupirant: — Il est vrai qu'une pareille tâche présente mille obstacles dans la pratique; car pour faire chanter il faut des paroles, et qui serait capable de formuler en paroles la poésie sublime qui serait le brillant résultat de la fusion de tous ces éléments? L'art de l'écrivain serait évidemment impuissant pour y parvenir. Je publierai bientôt un nouvel ouvrage qui vous rappellera les idées que je viens d'émettre: c'est une symphonie avec chœurs; mais je dois appuyer sur les difficultés que m'a suscitées en cette circonstance l'insuffisance du langage poétique. Enfin j'ai arrêté mon choix sur la belle hymne de Schiller: *À la joie*. Ce sont là assurément de nobles et beaux vers, et pourtant qu'ils sont loin d'exprimer tout ce que j'ai rêvé à ce sujet

À présent même, j'ai peine à maîtriser l'émotion de mon cœur en me rappelant ces confidences par lesquelles le grand artiste m'initiait dès lors à l'intelligence complète de sa dernière et prodigieuse symphonie, qu'il venait à peine de terminer. Je lui exprimai ma reconnaissance avec toute l'effusion que devait provoquer cette insigne faveur, et je lui témoignai combien j'étais transporté d'apprendre la prochaine apparition d'un nouvel ouvrage de son génie. Je sentais mes yeux mouillés de larmes, et je fus presque tenté de m'agenouiller devant lui. Beethoven parut comprendre ce qui se passait en moi, il fixa sur moi un regard mélangé de tristesse et d'ironie, et me dit: — Vous pourrez prendre ma défense lorsqu'il s'agira de mon nouvel ouvrage. Rappelez- vous alors cet entretien, car je serai sans doute accusé de folie et de déraison par mainte personne raisonnable. Vous voyez pourtant bien, mon cher monsieur R..., que je ne suis pas encore précisément atteint de démence, quoique j'aie subi assez de tribulations depuis longtemps pour en courir la chance. Le monde voudrait que je prisse pour règle les idées qu'il se forme du beau, et non les miennes; mais il ne songe pas que dans mon triste état de surdité, je ne puis obéir qu'à mes inspirations intimes, qu'il me serait impossible de mettre dans ma musique autre chose que mes propres sentiments, et que le cercle restreint de ma pensée n'embrasse pas, comme lui, leurs mille perceptions enivrantes, qui me sont totalement inconnues, ajouta-t-il avec ironie, et voilà mon malheur!

À ces mots, il se leva et se mit à marcher d'un pas rapide dans la chambre. Dans l'excès de mon émotion, je me levai pareillement, et je me sentis frissonner: il m'eût été impossible de pousser plus loin cet entretien en n'ayant recours qu'à des gestes ou à l'écriture. Il me sembla qu'en demeurant davantage je me rendrais importun; mais je dédaignai de tracer froidement sur le papier quelques mots de remercîment et d'adieu; je me bornai à prendre mon chapeau et à m'approcher du maître en lui laissant lire mon respectueux attendrissement dans mes regards. Il parut me comprendre et me dit: — Vous partez? Restez-vous encore quelque temps à Vienne? J'écrivis alors que l'unique but de mon voyage avait été de faire sa connaissance, et que, puisqu'il avait daigné m'accueillir avec autant de bonté, il ne me restait qu'à partir pénétré de joie et de reconnaissance. Il me répondit en souriant: — Vous m'avez écrit par quel moyen vous vous étiez procuré l'argent nécessaire à votre voyage. Vous pourriez rester à Vienne pour y publier de nouveaux galops; c'est une denrée qui se débite ici à merveille. Je déclarai à Beethoven que j'avais renoncé pour jamais à ce genre de travail, et que je ne pouvais concevoir quel motif assez puissant pourrait me déterminer désormais à un pareil acte d'abnégation. — Bah! bah! répliqua-t-il, pourquoi donc pas? Et moi, vieux fou que je suis, ne serais-je pas mille fois plus heureux de composer des galops; au lieu qu'il me faudra végéter à tout jamais dans la carrière que j'ai embrassée. Bon voyage! ajouta-t-il, pensez quelquefois à moi, et tâchons d'oublier les déceptions et les traverses de la vie.

Ému jusqu'aux larmes, j'allais me retirer; mais il me retint encore en me disant: — Arrêtez! nous allons expédier l'affaire de l'Anglais mélomane. Voyons où il faut mettre des croix? Il prit en même temps l'album de l'Anglais et le parcourut en souriant, puis il le referma, et l'enveloppant d'une feuille de papier, il fit avec sa plume une énorme croix sur cette blanche enveloppe, en me disant: — Tenez! remettez, je vous prie, à cet heureux mortel son chef-d'œuvre, et félicitez-le de ma part d'avoir deux oreilles bonnes et valides. J'envie réellement son sort. Adieu, mon cher, et conservez-moi votre amitié.

Ce fut ainsi qu'il me congédia, et je sortis de la maison dans un trouble extrême.

En rentrant à l'hôtel, je trouvai le domestique de l'Anglais occupé à attacher sa valise sur la voiture. Ainsi cet homme avait aussi bien que moi atteint son but, et je fus obligé de convenir qu'il avait fait preuve, à sa manière, de persévérance. Je montai à ma mansarde et fis mes préparatifs de départ pour le lendemain matin. Mes yeux tombèrent sur la grande croix apposée sur l'album de l'Anglais, et je ne pus réprimer un grand éclat de rire. Pourtant cette croix était un souvenir de Beethoven, et je me gardai bien de m'en dessaisir pour le gentleman musicien qui avait été le mauvais génie de mon saint pèlerinage.

J'ôtai donc cette enveloppe que je réservai pour la collection de mes galops dignes de ce stigmate réprobateur. Quant à l'Anglais, je lui renvoyai son album intact avec un petit billet où je lui marquais que Beethoven avait été enchanté de sa musique, au point qu'il n'avait pas su où poser une seule croix de blâme.

Comme je quittais l'hôtel, l'Anglais montait justement dans sa voiture: — Oh! adieu, me criait-il; vous m'avez rendu un très grand service, et je suis entièrement content d'avoir vu de près Beethoven. Voulez-vous que je vous emmène en Italie?

— Qui donc allez-vous voir? lui dis-je.

— Je veux faire la connaissance de M. Rossini. Oh! c'est un bien grand compositeur.

— Merci, lui répondis-je, je connais Beethoven, et cela me suffit pour ma vie entière.

Nous nous séparâmes. Je jetai un dernier coup d'œil d'attendrissement sur la maison de Beethoven, et je me dirigeai du côté du nord, ennobli et relevé à mes propres yeux.

De l'ouverture

Autrefois les pièces de théâtre étaient précédées de prologues. Il est probable qu'on regardait comme une tentative trop hardie d'arracher d'un seul signe les spectateurs aux impressions encore toutes-puissantes de la vie habituelle, pour les transporter au milieu des apparitions idéales des héros de théâtre. On croyait agir plus prudemment en préparant le public par une introduction qui tenait déjà de l'art à un ordre de choses qui lui appartenait immédiatement. Ce prologue faisait appel à l'imagination des spectateurs, réclamait leur concours dans l'action qui allait se passer, et ajoutait un récit succinct de tous les événements qu'on devait supposer antérieurs à cette action, ou même quelquefois de ceux qu'on allait voir se développer dans la pièce. Quand on commença à donner des drames en musique, on aurait dû, pour rester fidèle à la mode, les faire précéder de prologues mêlés de chant. On introduisit à leur place l'ouverture, morceau de musique confié à l'orchestre seul, et qui devait précéder l'exécution du véritable drame. La manière dont furent conçues ces premières introductions instrumentales donne à croire que les compositeurs n'avaient nullement l'intention de satisfaire toutes les conditions de l'ancien prologue. Elles étaient bien loin de donner par avance le sens de la pièce comme le faisait le prologue. L'art de la musique instrumentale était alors encore si borné que les compositeurs de ces époques n'avaient même pas à leur disposition les premiers moyens de résoudre un semblable problème. En conséquence, ils se contentèrent de donner un simple prélude musical qui ne devait servir à autre chose qu'à préparer les spectateurs au chant qu'ils allaient entendre. Si l'on n'avait déjà trop de raisons de reconnaître que la musique instrumentale de ce temps était encore dans son enfance, on pourrait supposer peut-être qu'on n'avait pas eu l'intention d'imiter le prologue, parce qu'on sentait combien peu il était dramatique. Toujours est-il certain qu'on ne peut rien retrouver de l'intention du prologue dans les premières ouvertures, si ce n'est peut-être celle d'établir une transition par laquelle les auditeurs étaient introduits dans le drame.

Ce ne fut que lorsqu'on eût été un peu familiarisé avec la musique instrumentale que vint l'idée de donner à cette introduction musicale un caractère plus déterminé qui s'accordât avec celui du drame qui allait suivre. Ce caractère ne s'exprima guère que dans les traits principaux et se borna à reproduire ou plutôt à faire pressentir la tendance triste ou gaie du sujet. Ces ouvertures étaient courtes, consistaient souvent en un seul mouvement lent, et l'on peut retrouver les exemples les plus frappants de ce mode de construction, quoique étendu considérablement, dans les oratorios de Haendel. Le libre développement de l'ouverture fut paralysé par cette fâcheuse circonstance qui arrêtait les compositeurs dans les premières périodes de la musique, à savoir l'ignorance où ils étaient des procédés sûrs par lesquels on peut, à l'aide des hardiesses légères et des successions de fraîches nuances, étendre un morceau de musique de longue haleine. Cela ne leur était guère possible qu'au moyen des finesses du contre point, la seule invention de ces temps qui permît à un compositeur de dévider un thème unique en un morceau de quelque durée. On écrivait des fugues instrumentales; on se perdait dans les détours de ces curieuses monstruosités de la spéculation artistique. La monotonie et l'uniformité furent les produits nets de cette direction. Ces sortes de compositions étaient surtout impuissantes à exprimer un caractère déterminé et individuel. Haendel lui-même ne paraît pas s'être aucunement soucié que l'ouverture s'accordât exactement avec la pièce ou l'oratorio. Il est par exemple impossible de pressentir par l'ouverture du *Messie* qu'elle doit servir d'introduction à une création aussi fortement caractérisée, aussi sublime que l'est ce célèbre oratorio.

On fut bien plus près de résoudre la question, quand on fit précéder les opéras par des symphonies en trois parties. On tâcha d'exprimer dans ces trois divisions des caractères, qui formaient contraste, et, plus tard, Mozart montra, dans sa symphonie de l'*Enlèvement du Sérail*, jusqu'à quel point on peut réussir à rendre ainsi par avance le sens d'un opéra. Cependant, il existe encore dans cette distinction en trois parties, dont chacune exprime un caractère à part, au moyen d'un mouvement musical différent, une sorte de gaucherie. Il s'agissait donc désormais de réunir en un tout ce qui était isolé, et de relier dans un seul morceau de musique qui se développât sans interruption, des caractères et des contrastes. Les créateurs de la forme parfaite de l'ouverture furent Gluck et Mozart. Gluck lui-même se contenta souvent encore de traiter l'ouverture comme un morceau de musique qui devait introduire l'auditeur dans l'opéra, ou du moins dans la première scène. Cependant, quoiqu'il parût la considérer dans ce cas sous le rapport purement musical, et qu'il n'écrivit pas de conclusion complète, il eut toujours à cœur de développer d'une manière indépendante, dès le commencement de cette introduction instrumentale, le caractère dramatique de l'opéra. L'ouverture d'*Iphigénie en Aulide* est la plus achevée que Gluck ait écrite. Le maître a tracé ici en traits grandioses et puissants l'idée principale du drame, et l'a personnifiée avec la clarté de l'évidence. Nous reviendrons sur ce chef-d'œuvre quand nous aurons à démontrer d'après ce magnifique exemple quelle forme d'ouverture peut être tenue pour la plus parfaite.

Après Gluck, ce fut Mozart qui donna à l'ouverture son véritable sens. Sans chercher péniblement à exprimer et à rendre ce que la musique ne peut jamais, par sa nature, ni rendre ni exprimer, les détails et les complications de l'action, comme les expliquait l'ancien prologue, il saisit l'idée conductrice du drame, en prit le côté qui appartenait essentiellement à la musique, la passion, et en fit ainsi une poétique contre-épreuve du drame proprement dit, tableau qui avait assez de valeur indépendante pour être vu isolé, mais qui puisait pourtant sa nécessité intrinsèque dans le drame auquel il était destiné. De cette façon, l'ouverture devint un morceau de musique qui existait par lui-même, et qui était par conséquent complètement fini, alors même que sa contexture le rattachait à la première scène de l'opéra. Mozart donna pourtant à la plupart de ses ouvertures une conclusion musicale, comme on en trouve dans celles de la *Flûte enchantée*, du *Mariage de Figaro*, de la *Clémence de Titus*. On devrait donc s'étonner qu'il n'ait pas fait de même dans la plus achevée, la plus complète de toutes, celle de *Don Juan*, si l'on n'était d'ailleurs forcé d'accorder que la prodigieuse transition des dernières mesures de l'ouverture à la première scène de l'opéra est un trait de génie tel qu'il constitue une conclusion d'une nature toute particulière qui ne pouvait tourner autrement dans une ouverture de *Don Juan*.

L'ouverture ainsi faite par Gluck et Mozart devint la propriété de Cherubini et de Beethoven. Il faut seulement remarquer que dans la manière de voir de ces deux grands compositeurs, qui ont, du reste, de nombreux points d'affinité, Cherubini conçut en grande partie selon le type laissé par Mozart, pendant que Beethoven finit par s'en éloigner prodigieusement. Les ouvertures de Cherubini sont des esquisses poétiques de la principale idée du drame, envisagée dans ses traits généraux, et resserrée dans l'unité claire et transparente; mais son ouverture des *Deux Journées* nous montre comment la marche dramatique du poème peut s'exprimer, même dans cette forme, sans nuire en rien à l'unité de la facture artistique. L'ouverture de *Fidelio*, de Beethoven (la seconde en *mi*) est incontestablement parente de cette ouverture des *Deux Journées* de Cherubini, et c'est dans ces deux morceaux que ces deux grands maîtres ont le plus de points de contact. Que ces limites ainsi faites aient été d'ailleurs trop gênantes pour le génie impétueux de Beethoven, c'est ce qu'on reconnaît bien évidemment dans ses autres grandes ouvertures, surtout dans celle de *Léonore*. Beethoven, qui n'eut jamais une véritable occasion de déployer l'élan dramatique de son génie sur le terrain du drame, tel qu'il le lui eût fallu, paraît avoir cherché à s'en dédommager en s'appropriant l'ouverture comme un domaine vacant qui lui appartenait par le droit du génie, et où il put développer sans entraves les inspirations pour lesquelles le drame lui mesurait l'espace d'une main avare. Ce fut comme avec humeur qu'il se détourna des petits intérêts de situation de l'intrigue dramatique, pour recomposer complètement, dans l'ouverture, le drame à sa manière. On ne peut admettre d'autre origine à son ouverture de *Léonore*. Bien loin de vouloir se réduire à une simple introduction musicale pour le drame, il anticipa, au contraire, sur le drame dans l'ouverture, et le développa par avance selon ses inspirations créatrices. Cette composition gigantesque ne peut plus s'appeler ouverture: c'est le drame lui-même à sa plus haute puissance.

Les ouvertures de Beethoven et de Cherubini furent les modèles de Weber, et quoiqu'il n'osât pas tendre à cette hauteur vertigineuse où s'était placé Beethoven dans l'ouverture de *Léonore*, il continua avec bonheur à imprimer à l'ouverture une allure dramatique qui, heureusement, ne se perdit jamais dans la peinture minutieuse d'accessoires sans valeur et dépourvus de portée musicale. Et même là où Weber se laissa entraîner par le besoin de la description musicale à réunir plus de pensées et d'images secondaires que ne pouvait le comporter la forme de l'ouverture telle que lui-même l'avait admise, il a toujours su, du moins, si bien conserver l'unité dramatique de sa conception, qu'on peut lui attribuer le mérite d'invention d'un nouveau genre. Ce genre, on dut lui donner le nom de fantaisie dramatique, et le plus beau résultat obtenu sous ce rapport est l'ouverture d'*Obéron*. Cette composition est, pour les compositeurs modernes, de la plus haute importance, eu égard à la tendance qu'ils ont prise en traitant l'ouverture. Dans cet ouvrage, Weber a fait un pas qui, avec son grand talent et l'élan poétique de son imagination, ainsi que je l'ai fait remarquer, ne pouvait que produire un brillant résultat. On ne peut nier cependant que l'indépendance de la production musicale doit être compromise quand elle est subordonnée à une idée dramatique qu'on lui impose, alors que cette idée n'est pas rendue à grands traits, dont la largeur ne saurait être un obstacle à la conception purement musicale. Le compositeur ne peut alors peindre les détails dans le développement de son thème dramatique qu'en morcelant son travail musical. Comme je me propose d'insister ultérieurement sur ce point, je me borne à faire remarquer ici que l'ouverture conçue de cette manière tourne nécessairement à la décadence, car elle tombe ainsi de plus en plus dans la classe des morceaux qui méritent moins le nom d'ouverture que celui de pot-pourri.

L'histoire des pots-pourris commence à l'ouverture de *la Vestale* de Spontini. Quels que soient le génie et la poésie qu'on doive reconnaître dans ce morceau, il n'en contient pas moins les premières traces de cette manière légère et superficielle dans l'exécution de l'ouverture, manière qui a si généralement prévalu depuis ce temps. Pour peindre d'avance le mouvement dramatique d'un opéra, il ne fut plus question de créer un nouveau tableau existant par lui-même et en vertu d'un enchaînement d'idées indépendantes, mais on y suppléa en dépeçant les images isolées de l'opéra, moins à raison de leur importance qu'à cause de leur éclat, et en les alignant l'une à côté de l'autre. Pour un public auquel on demandait ainsi moins de réflexion profonde, la séduction de cette manière de procéder consistait tout à la fois dans un choix habile des motifs les plus brillants et dans le mouvement agréable, dans le papillotage varié qui résultait de leur arrangement. C'est ainsi que naquirent l'ouverture si admirée de *Guillaume Tell* de Rossini, et celle de *Zampa* d'Hérold. On ne peut méconnaître dans les compositions de cette espèce une grande puissance d'amusement, mais la complète renonciation à une idée artistique et indépendante les rend indignes de compter dans l'histoire de l'art noble et élevé. C'est de la musique faite pour plaire, et rien de plus.

Maintenant que nous avons parcouru l'histoire de l'ouverture, et mis sous nos yeux les produits divers les plus brillants de ce genre, reste la question de savoir laquelle de ces manières de concevoir et d'exécuter l'ouverture est la plus juste et la mieux appropriée à sa destination. Comme il s'agit de ne pas se faire exclusif, une réponse nette et précise à cette question n'est certainement pas une chose facile. Nous avons devant nous deux chefs-d'œuvre inaccessibles dans lesquels, si la sublime intention exécutrice est absolument la même, la conception immédiate et le travail de la matière diffèrent complètement. Je parle des ouvertures de *Don Juan* et de *Léonore*. Dans la première, l'idée dominante, l'idée saisissante du drame est pour ainsi dire indiquée par deux traits principaux, et puise le complément d'une vie réelle, incontestable, dans le mouvement du travail musical. La passion humaine s'agite dans un conflit contre la puissance infernale sous laquelle elle paraît destinée à succomber. Si Mozart eût ajouté à son ouverture la terrible et tragique conclusion de son opéra, rien ne manquerait à cette œuvre pour être considérée comme un tout complet, un drame à part. Mais le compositeur abandonne au pressentiment le résultat de cette lutte que personnifie son ouverture. Dans l'étonnante transition à la première scène de l'opéra, les éléments ennemis semblent se plier à une volonté supérieure, et un souffle plaintif, profond et tragique plane comme un souffle calmant sur les combattants épuisés. Quelque précise, claire et saisissable que soit dans cette ouverture, du moins pour une organisation poétique, cette principale idée tragique de l'opéra, il ne s'y trouve pourtant pas un seul passage qui se rapporte immédiatement à la marche dramatique de l'action. Nous ne trouvons nulle part un motif qu'on puisse signaler comme telle ou telle partie de l'opéra. Le mouvement du travail musical de l'ouverture est complètement indépendant des péripéties de la scène. L'auditeur est saisi par les alternatives d'un combat acharné, mais il ne s'attend jamais à le voir se transformer en drame. C'est ici qu'existe la différence radicale entre l'ouverture de *Don Juan* et celle de *Léonore*. En écoutant ce dernier morceau, on ne peut se défendre de cette violente anxiété qui nous domine quand nous assistons au développement immédiat d'une action saisissante. Dans cette puissante composition, Beethoven a donné, comme je l'ai déjà dit, un drame musical, drame à part, créé à l'occasion d'un autre drame, et non pas la simple esquisse de l'idée dominante, ou une introduction préparatoire à l'action scénique. La manière de procéder de Beethoven avec la conception de l'élément dramatique nous fait deviner facilement le motif pour lequel il a regardé comme un devoir d'artiste, devoir supérieur, de faire son ouverture ainsi et non autrement. L'acte grandiose, poétique, qui s'accomplit, mais retardé, affaibli par une foule d'incidents inutiles, dans l'opéra même, il s'agissait pour Beethoven de le représenter ici dans son unité la plus resserrée. L'histoire d'un cœur animé d'un grand amour, exalté par une résolution sublime jusqu'à descendre comme un génie sauveur dans les abîmes de la mort, voilà ce que le grand musicien voulait nous rendre sous les couleurs les plus naturelles d'une sainte poésie. Une pensée morale, élevée, semble pénétrer tout l'ouvrage. C'est la liberté qu'un ange de lumière apporte joyeusement à l'humanité souffrante. Nous sommes transportés dans un sombre cachot. Aucun rayon du jour, n'arrive jusqu'à nous. L'horrible silence de la nuit n'est troublé que par des soupirs gémissants, par une aspiration profonde vers la liberté, la liberté! Là-bas, sous la lumière du soleil, un ange abaisse vers le cachot des regards pleins de désirs. L'air de pure, de divine liberté qu'il respire lui devient un fardeau du moment qu'il ne peut le respirer avec vous sur qui pèse l'abîme. Il prend alors une résolution de détruire toutes les barrières, tous les obstacles qui vous séparent des regards du ciel lumineux. Semblable à un second Messie, il veut accomplir l'œuvre de rédemption. Mais cet ange est une femme douée d'une force non divine, mais humaine. Elle est menacée de succomber. Mais l'idée surhumaine, divine, qui illumine son âme relève de nouveau son héroïque résolution, soutient ses forces jusqu'au bout; par un effort suprême, immense, elle surmonte les derniers obstacles, arrache la dernière pierre qui mure l'entrée du cachot; les puissants rayons du soleil vont éclater dans les ténèbres: Liberté! liberté! s'écrie la rédemptrice; Liberté! s'écrie le captif délivré. Voilà l'ouverture de *Léonore* comme l'a faite Beethoven. Elle est dominée dans tout son cours par l'infatigable animation du progrès dramatique, par l'ardent désir d'accomplir une tâche sublime.

Cet ouvrage est cependant unique en son genre, et, comme je l'ai déjà dit, ne saurait plus être appelé ouverture, tant que nous entendrons par ouverture un morceau dont la seule destination est d'être exécuté avant le drame et de disposer l'auditeur à en comprendre le caractère particulier. D'ailleurs, comme je ne traite point ici d'œuvre d'art en général, mais seulement de ce qui doit être la véritable destination de l'ouverture prise dans son sens exact, celle de *Léonore* ne doit pas être admise comme règle, parce qu'elle offre par avance le drame complet, dans son mouvement ardent et précipité. Il en résulte qu'elle risque de ne pas être comprise des auditeurs, s'ils ne possèdent ni une grande dose d'imagination ni la connaissance anticipée de l'action scénique; ou bien elle satisfait tout d'abord l'auditeur mieux doué, et, dans un certain sens, atténue le plaisir qu'il doit trouver à connaître l'opéra même.

Laissons donc de côté cette gigantesque ouverture de *Léonore*, et retournons à celle de *Don Juan*. Ici nous avons trouvé le contour de l'idée conductrice du drame développé par une exécution purement musicale, mais nullement dramatique. Je déclare sans hésiter que cette manière de concevoir et de traiter l'ouverture me parait la plus appropriée à la destination de ces sortes de morceaux, et surtout parce que, de cette manière, le compositeur peut demeurer complètement dans le domaine de la musique, sans être mis dans la nécessité d'introduire dans son travail musical des détails d'art purement dramatiques, et, par conséquent, de sacrifier plus ou moins sa liberté d'artiste. Et puis, le musicien atteint ainsi, du moins à mon avis, le plus sûrement au but de l'ouverture. Ce morceau doit être en réalité un prologue idéal, et comme tel, en vous transportant dans une sphère supérieure, doit vous préparer, et non épuiser par avance le sujet, du moins sous le rapport dramatique. Je ne prétends pas dire cependant que l'idée personnifiée musicalement ne doit pas être poussée jusqu'à son expression la plus complète. Au contraire, l'ouverture, considérée comme œuvre musicale, doit être un tout amené à sa plus entière conclusion.

On ne peut donner, pour cette manière de concevoir l'ouverture, d'exemple plus clair et plus beau que l'ouverture d'*Iphigénie en Aulide* de Gluck. Essayons de démontrer plus particulièrement, d'après cette composition, quelle est la meilleure façon de procéder dans la construction d'une ouverture. Ici encore, comme dans celle de *Don Juan*, c'est la lutte de deux éléments ennemis qui produit le mouvement du morceau. Le drame même d'Iphigénie se compose de ces deux éléments. L'armée des héros grecs est convoquée et réunie pour l'accomplissement d'une grande entreprise commune: animée d'une seule idée, l'exécution de ce grand dessein, tout intérêt humain disparait devant cet intérêt unique de la masse. A cet intérêt colossal est opposé un seul intérêt privé, la conservation d'une seule vie humaine, le salut d'une tendre jeune fille. Avec quelle vérité caractéristique Gluck n'a-t-il pas personnifié musicalement ces éléments ennemis! Avec quelles sublimes dimensions ne les a-t-il pas mesurés et opposés l'un à l'autre dans l'ouverture, à ce point que dans cette opposition seule résident tout d'abord la lutte et, par conséquent, le mouvement. On peut reconnaître à sa vigueur imposante, dans l'unisson de fer de l'allégro, la masse réunie pour un intérêt unique. C'est avec attendrissement qu'on reconnaît ensuite, dans le tendre et touchant contraste, l'individu souffrant qui doit être sacrifié à la masse. L'œuvre musicale ainsi animée par le contraste de ces mêmes éléments nous donne immédiatement l'idée la plus grande de la tragédie grecque, et remplit tour à tour nos cœurs d'admiration et de pitié. Nous sommes donc préparés par un sentiment surexcité et sublime; nous recevons même une intelligence supérieure pour voir se développer devant nous l'action dramatique. Puisse ce magnifique exemple servir, à l'avenir, de règle pour la composition de l'ouverture, et montrer en même temps combien une simplicité grandiose dans le choix des motifs musicaux est faite avant tout pour donner la plus réelle et la plus prompte intelligence des vues les plus élevées de l'artiste! Combien, au contraire, ce résultat eut été plus difficile à obtenir si, au milieu de la lutte de ces éléments principaux telle que Gluck l'a peinte dans son ouverture, on eût introduit toutes sortes de motifs accessoires destinés à exprimer telle ou telle circonstance secondaire du drame, qui auraient disparu dans la masse ou bien morcelé et affaibli l'impression immédiate! Malgré cette simplicité dans les moyens d'entraînement, on peut donner encore un vaste champ dramatique au développement musical des idées dominantes dans l'ouverture. Il ne s'agit pas, à la vérité, de cette sorte d'action qu'on ne peut trouver que dans le drame même, mais de celle qui réside dans l'essence de la musique instrumentale. Quand vous traiterez musicalement deux idées dominantes, vous ferez presque toujours naître une sorte d'attraction ardente vers un point culminant. La conclusion devient même souvent indispensable, car tout combat doit finir par une victoire, par une défaite, ou par une conciliation. Or, comme c'est la lutte des principes qui produit surtout la vie dramatique, on peut donner déjà dans l'ouverture, comme conclusion dramatique, le résultat de ce combat dont la peinture est fort bien dans les moyens de l'art musical. C'est de ce point de vue qu'ont été conçues la plupart des ouvertures de Cherubini, Beethoven et Weber. Dans l'ouverture des *Deux Journées*, cette importante crise est peinte avec la plus grande décision. Les ouvertures de *Fidelio*, d'*Egmont*, de *Coriolan*, ainsi que celle du *Freischütz*, expriment clairement et fort bien le résultat d'un violent combat. Les points de repère pour l'intelligence du sujet dramatique résideraient donc dans le caractère des deux thèmes principaux ainsi que dans le mouvement que donne à ces motifs le travail musical inspiré par l'idée de la lutte. Ce travail, d'ailleurs, n'en doit pas moins être purement musical, et l'allure ne doit jamais être modelée sur la marche des événements du drame même, parce qu'une pareille manière de procéder détruirait l'indépendance de la production musicale.

Le problème le plus élevé dans cette manière modifiée de concevoir l'ouverture consiste donc à rendre avec des principes musicaux indépendants l'idée caractéristique du drame, et à la conduire vers une conclusion telle qu'on puisse y reconnaître la solution du problème scénique. Le compositeur travaille fort heureusement pour l'intelligence de l'intention dramatique, quand il sait enchâsser dans son ouverture des motifs caractéristiques, des dessins ou des rythmes qui sont empruntés à l'opéra. Ces éléments doivent alors offrir une signification importante, et non un mérite purement accidentel. Ces motifs ou rythmes apparaîtront comme incidents indicateurs ou décisifs et de manière à pouvoir donner au mouvement du travail musical un sens précis et individuel. Mais on ne doit jamais perdre de vue qu'ils doivent être de source entièrement musicale et non emprunter leur signification aux paroles qui les accompagnent dans l'opéra. Le compositeur commettrait alors la faute de se sacrifier lui et l'indépendance de son art devant l'intervention d'un art étranger. Il faut, dis-je, que ces éléments soient de nature purement musicale, et je citerai comme exemples les accords de trombones des prêtres dans l'ouverture de la *Flûte enchantée*, l'appel de trompettes dans celle de *Léonove*, et la mélodie du cor enchanté dans celle d'*Obéron*. Ces motifs musicaux empruntés à l'opéra arrivent dans ces ouvertures comme moyens d'explication ou de conclusion pour l'intérêt dramatique, et servent à donner d'une manière poétique, et par les seuls moyens de l'art musical, un sens individuel à l'ouverture, ce qui tourne au profit de l'intelligence du drame.

Si l'on établit donc qu'il faut, sans sacrifier la destination spéciale de la musique, colorer par un mouvement dramatique le travail musical de l'ouverture en tant que la décision de la lutte musicale répond à la crise résultant des éléments constitutifs du drame, il faut revenir à poser cette question: le dénouement du drame ou les péripéties dans la destinée des personnages principaux doivent-ils exercer une influence immédiate sur la conception de l'ouverture, surtout à la péroraison? Cette influence ne doit certainement être admise que d'une manière conditionnelle. L'ouverture, aussitôt qu'elle a posé ses pensées principales et ses moyens d'exécution dans le sens purement musical, peut toujours développer les principes constitutifs du drame, mais n'a rien à faire avec la destinée individuelle des personnages. Le compositeur ne doit résoudre que la question supérieure et philosophique de l'ouvrage, et exprimer immédiatement le sentiment qui s'y répand et le parcourt dans toute son étendue comme un fil conducteur. Ce sentiment arrive-t-il dans le drame à un dénouement victorieux, le compositeur n'a guère à s'occuper que de savoir si le héros de la pièce remporte cette victoire, ou s'il éprouve une fin tragique. En se plaçant à ce point de vue, il s'éloigne et s'affranchit de toutes les complications accidentelles du fait. Nulle part l'idée supérieure et tragique n'a été exprimée en musique avec plus de beauté et de noblesse que dans l'ouverture d'*Egmont*, de Goethe. Le destin élève ici par un coup décisif le héros au triomphe. Les derniers accents de l'ouverture, qui se montent à la sublimité de l'apothéose, rendent parfaitement l'idée dramatique, tout en formant l'œuvre la plus musicale. Le combat des deux éléments nous entraîne ici impérieusement, même dans la musique, à un dénouement nécessaire, et il est surtout de l'essence de la musique de faire apparaître cette conclusion comme un fait consolateur. Je ne connais qu'une seule exception remarquable qui contredise cette opinion, c'est l'ouverture de *Coriolan*. Mais si l'on étudie encore avec attention cette œuvre tragique et importante, cela s'explique, parce qu'il ne pouvait être question d'y exprimer une idée tragique qui fût généralement sentie par tous. Une sauvage arrogance qui n'a pu exciter l'intérêt et la pitié que lorsque l'excès de sa force a été brisé, forme l'élément vital de cette ouverture. Mais le maître ne s'y montre pas moins unique et inaccessible, le maître qui a créé *Coriolan* et *Léonore*; et ce que nous devons admirer en lui avec un religieux saisissement, est souvent ce qui est le moins fait pour être imité. Ce n'est qu'en combinant tout ce qu'ont créé des génies tels que Gluck, Mozart et Beethoven, qu'on peut en composer un idéal à la portée du plus grand nombre, susceptible de nous guider aujourd'hui comme une constellation amie dans toutes les branches de l'art. Quant à les considérer isolément, chacun de ces grands hommes n'est pas imitable, et aucun d'eux n'a été atteint jusqu'à ce jour.

Un musicien étranger à Paris

Nous venons de le mettre en terre! Le temps était sombre et glacial, et nous n'étions qu'en bien petit nombre. L'Anglais était encore là; il veut maintenant lui élever un monument. — Il aurait bien mieux fait de lui payer ses dettes!

C'était une triste cérémonie. Notre respiration était gênée par un de ces vents aigres qui signalent le commencement de l'hiver. Personne, parmi nous, n'a pu parler, et il y a eu absence totale d'oraison funèbre. Pourtant, vous n'en devez pas moins connaître celui à qui nous venons de rendre les derniers devoirs: c'était un homme excellent, un digne musicien, né dans une petite ville de l'Allemagne, mort à Paris, où il a bien souffert. Doué d'une grande tendresse de cœur, ii ne manquait pas de se prendre à pleurer toutes les fois qu'il voyait maltraiter les malheureux chevaux dans les rues de Paris. Naturellement doux, il supportait sans colère de se trouver dépossédé par les gamins de sa part des trottoirs si étroits de la capitale. Malheureusement, il joignait à tout cela une conscience d'artiste d'une scrupuleuse délicatesse; il était ambitieux sans aucun talent pour l'intrigue; de plus, dans sa jeunesse, il lui avait été donné de voir une fois Beethoven, et cet excès de bonheur lui avait tourné la tête de telle sorte qu'il ne put jamais se retrouver dans son assiette pendant son séjour à Paris.

Un jour, il y a de cela plus d'un an, je me promenais au Palais-Royal, lorsque j'aperçus un magnifique chien de Terre-Neuve se baignant dans le bassin. Amateur de chiens comme je le suis, je ne pus refuser mon admiration à ce bel animal qui sortit de l'eau, et obéit à l'appel d'un homme auquel je ne fis d'abord nulle attention, et sur lequel mes regards ne s'arrêtèrent que parce que je vis en lui le propriétaire de ce chien d'une si merveilleuse beauté. Il s'en fallait de beaucoup que cet homme fût aussi beau que son compagnon quadrupède. Il était vêtu proprement, mais Dieu sait à la mode de quelle province pouvait appartenir sa toilette. Cependant, ses traits ne laissaient pas d'éveiller en moi je ne sais quel vague souvenir; peu à peu j'en vins à me les rappeler d'une manière de plus en plus distincte, et enfin, oubliant l'intérêt que le chien venait de m'inspirer, je me précipitai dans les bras de mon ami R.... Nous fûmes l'un et l'autre enchantés de nous revoir. Il faillit s'évanouir d'attendrissement. Je le menai au café de la Rotonde. — Je pris du thé mêlé de rhum, et lui demanda du café, qu'il but les yeux tout humides de larmes.

— Mais, au nom du ciel, lui dis-je, quel motif peut t'amener à Paris? qui peut t'avoir fait quitter, à toi, modeste musicien, ta province allemande et ton cinquième étage?

— Mon ami, me répondit-il, ai-je été poussé à une telle démarche par la passion aérienne d'éprouver la vie qu'on mène dans Paris, à un sixième étage, ou bien par le désir plus mondain d'essayer s'il ne me serait possible de descendre au second ou même au premier, c'est un point sur lequel je ne suis pas encore bien fixé moi-même. Avant tout, j'ai cédé à un irrésistible besoin de m'arracher aux misères des provinces allemandes, et sans vouloir tâter de nos capitales, villes grandioses, sans aucun doute, je me suis rendu tout d'abord dans la capitale du monde, dans ce centre commun où vient aboutir l'art de toutes les nations, où les artistes de tous pays rencontrent la juste considération qui leur est due, et où moi-même j'espère trouver moyen de faire germer enfin le grain d'ambition que le ciel m'a mis au cœur.

— Ton ambition est bien naturelle, lui répliquai-je, et je te la pardonne, quoique, à vrai dire, elle doive m'étonner en toi. Mais d'abord, explique-moi par quels moyens tu prétends te soutenir dans cette nouvelle carrière. Combien as-tu à dépenser par an? Voyons, ne t'effarouche pas ainsi; je sais bien que tu n'étais qu'un pauvre diable, et que, par conséquent, il ne peut être question de tes rentes. Mais enfin, puisque te voilà ici, je dois supposer ou que tu as gagné à la loterie, ou bien que tu as su te concilier la faveur et la protection, soit de quelque parent haut placé, soit de quelque personnage important, de telle sorte que tu te trouves assuré d'un revenu passable au moins pour dix bonnes années.

— Vous voilà bien, vous autres fous, avec votre manière d'envisager toutes les questions, me répondit mon ami avec un sourire de bonne humeur, et, après s'être remis d'un premier saisissement: vous ne manquez jamais de porter avant tout votre attention sur ces misérables et prosaïques détails. De toutes tes suppositions, mon très cher, il n'en est pas une seule qui se trouve juste. Je suis pauvre; dans quelques semaines même je vais me trouver sans le sou. Mais qu'importe cela? J'ai du talent; on me l'a assuré du moins. Eh bien! ce talent, pour le faire valoir, devais-je par hasard choisir la ville de Tunis? Non sans doute, et je suis venu tout droit à Paris. Ici, je ne tarderai pas à éprouver si l'on m'a trompé en me faisant croire à ma vocation d'artiste, si l'on a eu tort de me faire espérer des succès, ou si réellement je possède quelque mérite. Dans le premier cas, je serai bientôt et volontairement désabusé, et alors, éclairé sur le peu que je vaux, je n'hésiterai pas à retourner au pays pour y reprendre ma modeste chambrette; mais s'il en est autrement, c'est à Paris que mon talent sera plus vite connu et plus dignement payé qu'en aucun autre pays du monde. Oh! ne ris pas ainsi, et tâche plutôt de me répondre par quelque objection fondée.

— Mon pauvre ami, lui dis-je, je ne ris plus; en ce moment, au contraire, j'éprouve pour toi et pour ton chien une inquiétude qui m'afflige profondément, car, quelque modéré que tu puisses être dans ton appétit, je sais que ce bel animal ne laissera pas de manger beaucoup. Tu veux nourrir toi et ton chien avec ton talent? C'est un beau projet, car si notre propre conservation est le premier devoir qui nous soit imposé, l'humanité envers les animaux est le second et le plus beau. Mais dis-moi maintenant, quels moyens comptes-tu employer pour mettre ton talent en évidence? Quels sont tes projets? Voyons, fais-moi part de tout cela.

— Oh! pour ce qui est des projets, je n'en manque pas, et je vais t'en soumettre un grand nombre. D'abord je pense à un opéra. J'en ai une bonne provision; les uns sont entièrement terminés, les autres ne sont faits qu'à moitié; d'autres encore, et en grand nombre, ne sont qu'ébauchés, soit pour le Grand-Opéra, soit pour l'Opéra-Comique. Ne m'interromps pas! Je sais parfaitement que de ce côté les affaires ne marcheront pas très vite, et je ne considère ce projet que comme le but principal vers lequel doivent tendre et se concentrer tous mes efforts. Mais si je ne dois pas espérer d'obtenir si promptement la représentation de mes ouvrages, tu m'accorderas bien au moins qu'avant peu je pourrai être fixé sur la question de savoir si mes compositions seront acceptées ou non par les directions théâtrales. Eh quoi! tu ris encore! Ne dis rien; je connais d'avance l'objection que tu médites, et je vais y répondre à l'instant. Je suis bien persuadé qu'ici encore j'aurai à lutter contre des obstacles sans cesse renaissants; mais enfin ces obstacles, en quoi peuvent-ils consister, après tout? Uniquement dans la concurrence. Les plus grands talents se trouvant réunis ici, chacun à l'envi vient offrir ses œuvres; or, il est du devoir des directeurs de soumettre ces œuvres à un examen sévère et consciencieux; la lice doit être impitoyablement fermée aux médiocrités, et il ne peut être donné qu'aux travaux d'un mérite avéré d'avoir l'honneur d'être choisis entre tous. Eh bien! cet examen, je m'y suis préparé, et je ne demande aucune faveur, sans en avoir été reconnu digne. Mais en dehors de cette concurrence, que pourrais-je encore avoir à redouter? Me faudrait-il craindre par hasard de me trouver, ici comme en Allemagne, dans l'obligation d'avoir recours à des voies tortueuses pour me procurer l'entrée des théâtres royaux? Dois-je croire que, pendant des années entières, il me faudra mendier la protection de tel ou tel laquais de cour, pour finir par arriver, grâce à un mot de recommandation qu'aura daigné m'accorder quelque femme de chambre, à obtenir pour mes œuvres l'honneur de la représentation? Non sans doute, et à quoi bon d'ailleurs des démarches si serviles, ici, à Paris, la capitale de la France libre! à Paris, où règne une presse puissante qui ne fait grâce à aucun abus ni à aucun scandale et les rend par cela même impossibles! à Paris enfin où le vrai mérite peut seul espérer d'obtenir les applaudissements d'un public immense et incorruptible?

— Le public, m'écriai-je, tu as raison. Je suis aussi d'avis qu'avec ton talent tu pourrais espérer de réussir, si tu n'avais affaire qu'au public seul; mais c'est précisément dans le plus ou le moins de facilité d'arriver jusqu'à lui que tu te trompes lourdement, mon pauvre ami. Ce n'est pas la concurrence des talents contre laquelle tu auras à combattre, mais bien celle des réputations établies et des intérêts particuliers. Es-tu bien assuré d'une protection ouverte et influente, alors tente la lutte, mais sans cela, et surtout si tu manques d'argent, tiens-toi soigneusement à l'écart, car tu ne pourras que succomber, sans même avoir attiré sur toi l'attention publique. Il ne sera pas question de mettre à l'épreuve ton talent et tes travaux. Oh! non, ce serait là une faveur sans pareille! On pensera seulement à s'enquérir du nom que tu portes, et comme ce nom est étranger à toute espèce de réputation, comme de plus il ne se trouve inscrit sur aucune liste de propriétaires ou de rentiers, il vous faudra végéter inaperçus, toi et ton talent.

(Je n'ai nul besoin, je pense, de faire remarquer au lecteur que, dans les objections dont je me sers et dont j'aurai encore à me servir vis-à-vis de mon ami, il ne s'agit nullement de voir l'expression complète de ma conviction personnelle, mais seulement une série d'arguments que je regardais comme urgent d'employer pour amener mon enthousiaste à abandonner ses plans chimériques, sans diminuer pourtant en rien sa confiance en son talent.)

Ma controverse manqua cependant son effet sur lui: il devint chagrin, mais il ne m'accorda aucune foi. Je continuai en lui demandant à quels moyens il prétendait avoir recours pour se faire, en attendant, un commencement de réputation qui put lui être de quelque utilité dans la mise à exécution de l'important projet qu'il venait de me communiquer.

Ma question sembla dissiper sa mauvaise humeur.

— Ecoute donc bien, me répondit-il: tu sais que depuis longtemps je me suis adonné avec amour à la musique instrumentale. Ici, à Paris, où l'on semble avoir voué un véritable culte à notre Beethoven, j'ai quelque lieu d'espérer que le compatriote et le plus fervent admirateur de ce grand homme pourra être accueilli sans trop de défaveur, s'il tâche de faire entendre au public les faibles essais qui lui ont été inspirés par l'étude de son inimitable modèle.

— Permets que je t'arrête ici, m'écriai-je; Beethoven est déifié, tu as parfaitement raison; mais fais bien attention que sa réputation et son nom sont maintenant choses reçues et consacrées. Mis en tête d'un morceau digne de ce grand maître, ce nom sera bien un talisman assez puissant pour en révéler les beautés à l'instant et comme par magie, mais à ce nom substitues-en tout autre, et tu ne parviendras jamais à rendre les directeurs de concerts attentifs aux passages les plus brillants de ce même morceau. (Le lecteur voudra bien ne pas oublier de faire ici une nouvelle application de la remarque que je lui ai recommandée ci-dessus.)

— Tu mens, s'écria mon ami avec quelque violence; maintenant je te devine; ton plan bien arrêté est de me décourager et de me détourner du chemin de la gloire! mais tu n'y parviendras pas!

— Je te connais, lui dis-je, et je sais que ce que tu viens de dire, tu ne le penses pas sérieusement; ainsi je te le pardonne. Dans tous les cas, je dois te dire qu'ici encore tu auras à renverser les obstacles qui se dressent indubitablement devant tout artiste sans réputation, quel que puisse être d'ailleurs son talent. Tes deux projets sont bons comme moyens de soutenir et d'augmenter une gloire déjà acquise, mais nullement de commencer une réputation. Ou l'on te laissera te morfondre à attendre en vain l'exécution de ta musique instrumentale, ou bien, si tes compositions sont conçues dans cet esprit audacieux et original que tu admires dans Beethoven, on ne manquera pas de les trouver boursouflées et incompréhensibles, et l'on se débarrassera ainsi de toi avec ce beau jugement. (Le lecteur voudra bien ne pas oublier, etc.)

— Mais ce reproche, me dit-il, si j'avais eu soin de m'y soustraire d'avance? Si, dans cette prévision, pour prendre mes précautions contre un public superficiel, j'avais eu soin de broder plusieurs morceaux de ces enjolivements légers et modernes que j'abhorre, il est bien vrai, du fond du cœur, mais auxquels les meilleurs artistes ne dédaignent pas d'avoir recours pour assurer leurs succès?

— Alors on te donnera à entendre que tes œuvres sont trop légères ou trop insignifiantes pour être offertes au public à côté de celles d'un Beethoven ou d'un Musard. (Le lecteur voudra bien ne pas oublier, etc.)

— Ah! monsieur le mauvais plaisant, s'écria mon ami; c'est bien, c'est bien; je vois enfin que maintenant ton seul but était de te moquer de moi! Tu es et tu seras toujours un drôle de corps

À ce moment, il frappa en riant du pied contre terre, et il atteignit si lourdement les pattes de son beau chien que celui-ci poussa un cri perçant; mais aussitôt, léchant les mains de son maître, il jeta sur lui un triste regard comme pour le supplier de ne plus traiter mes objections comme des plaisanteries.

— Tu vois, dis-je, qu'il n'est pas toujours bon de confondre le sérieux et le comique. Mais laissons cela. Fais-moi part, je t'en prie, des autres projets qui peuvent t'avoir encore engagé à échanger ta modeste patrie contre l'abîme de

Paris. Dis-moi; dans le cas où, pour l'amour de moi, tu consentirais à abandonner les deux plans dont tu viens de m'entretenir, par quels autres moyens te proposes-tu de chercher à te faire une réputation?

— Soit, me répondit-il, malgré ton inconcevable disposition à me contredire, je veux te faire ma confidence tout entière. Rien, que je sache, n'est plus recherché dans les salons parisiens que ces romances pleines de grâce et de sentiment telles que les a produites le goût particulier du peuple français, ou que ces *lieder* venus de notre Allemagne, et qui ont acquis ici droit de bourgeoisie. Pense aux *lieder* de Schubert et à la vogue dont ils jouissent en France. Ce genre est précisément un de ceux qui me conviennent particulièrement. Je sens en moi la faculté de créer dans cette branche de l'art quelque chose de remarquable. Je ferai entendre mes *lieder*, et je serai peut-être aussi chanceux que maint et maint compositeur. Comme tant d'autres, je serai peut-être assez heureux, sans autre secours que ces productions si simples, pour captiver l'attention d'un directeur de théâtre à ce point qu'il n'hésitera pas à me confier la composition d'un opéra.

Ici encore le chien de mon ami poussa un cri douloureux; cette fois, c'était moi qui, dans une contraction pour retenir une violente envie de rire, avais marché sur la patte du noble animal.

— Eh quoi! m'écriai-je, est-il bien possible que, sérieusement, tu entretiennes de si folles pensées? Mais où diable as-tu vu?...

— Mon Dieu, répliqua mon enthousiaste, serait-ce donc la première fois qu'une semblable circonstance se serait présentée? Faut-il te citer ici tous les journaux dans lesquels j'ai lu si souvent comment tel ou tel directeur de théâtre avait été si profondément ému par l'audition d'une romance, comment tel ou tel poète s'était trouvé si soudainement impressionné par le talent jusqu'alors ignoré d'un compositeur, que, d'un commun accord, poète et directeur se sont à l'instant engagés, l'un à fournir un *libretto*, l'autre à assurer la représentation de l'ouvrage?

— Ah! est-ce donc là que nous en sommes? lui répondis-je en soupirant; c'est par des articles de journaux que tu as laissé égarer ton candide et honnête esprit. Puisses-tu arriver un jour à te persuader qu'on ne doit ajouter foi qu'au tiers tout au plus de toutes ces réclames, et se bien garder encore d'y croire par trop pieusement. Nos directeurs de théâtres ont, par ma foi, bien autre chose à faire que d'écouter des romances, et à devenir fous d'enthousiasme! (Le lecteur voudra bien ne pas oublier, etc.) Et puis, admettons que ce soit là un moyen excellent pour se créer une réputation, tes romances, par qui les feras-tu chanter?

— Eh! par qui, si ce n'est par ces célèbres virtuoses de l'un et de l'autre sexe qui se font si souvent un devoir de recommander au public, avec le plus aimable empressement et le talent le plus complaisant, les productions de talents inconnus ou opprimés? Suis-je encore ici la dupe de quelque article de journal?

— Ami, lui répondis-je, à Dieu ne plaise que je prétende nier la noblesse de cœur dont s'honorent à juste titre nos principaux chanteurs ou nos chanteuses. (Le lecteur voudra bien ne pas oublier, etc.) Mais, pour arriver à l'honneur d'une telle protection, n'y a-t-il pas encore bien des exigences à satisfaire? Tu ne saurais imaginer quelle concurrence, ici encore, tu auras à redouter; et tu te ferais difficilement une idée des nombreuses et influentes protections que tu devras te ménager auprès de ces cœurs si nobles, pour leur persuader que, réellement, tu possèdes un talent inconnu. Mon bon, mon excellent ami, as-tu encore quelque autre projet?

Ici, mon enthousiaste fut réellement hors de lui. Il s'éloigna de moi vivement et avec colère, quoique non sans ménagement pour son chien qui, cette fois, ne cria pas. — Et maintenant, s'écria-t-il, quand mes autres plans seraient aussi innombrables que les grains de sable de la mer, je ne voudrais plus t'en confier un seul! Railleur impitoyable, sache pourtant que tu ne triompheras pas! Mais, dis-moi, je ne veux plus t'adresser que cette seule question, apprends-moi donc de quelle manière ont débuté tous ces grands artistes à qui il a bien fallu pourtant commencer par se faire connaître, et qui ont fini par arriver à la gloire!

— Va le demander à l'un d'eux, lui répondis-je froidement; peut-être apprendras-tu ce que tu désires savoir. Quant à moi, je l'ignore.

— Ici! ici! cria-t-il vivement à son chien. Tu n'es plus mon ami, me cria-t-il avec emportement. Malgré ta froide raillerie, tu ne me verras pas faiblir! Dans un an, rappelle-toi bien mes paroles; dans un an, tu pourras apprendre le lieu de ma demeure par la bouche du premier gamin venu, ou j'aurai soin de t'informer du lieu où il faudra que tu viennes pour me voir mourir

Puis, il siffla son chien d'une manière aigre et perçante, et disparut avec la rapidité de l'éclair, aussi bien que son superbe compagnon. Il me fut impossible de les rejoindre.

Dès les premiers jours qui suivirent notre séparation, quand je vis échouer successivement toutes mes tentatives pour découvrir la demeure de mon ami, je pus me convaincre profondément combien j'avais eu tort de n'avoir pas su combattre les nobles susceptibilités d'un esprit si hautement enthousiaste avec de meilleures armes qu'avec les objections si froides, si désespérantes, et à tout prendre peu sincères que j'avais constamment opposées aux projets qu'il me confiait avec une candeur toute naïve. Dans la louable intention de l'effrayer autant que possible afin de le détourner de ses projets, parce que je savais à n'en pas douter qu'il n'était nullement homme à suivre avec succès la route qu'il prétendait se tracer, dans cette louable intention, dis-je, j'avais perdu de vue que je n'avais pas affaire à un de ces esprits légers et flexibles qu'il est facile de convaincre, mais bien à un homme qu'une foi ardente dans la divine et incontestable vérité de son art avait amené à un tel degré de fanatisme que, de doux et pacifique qu'il était naturellement, son caractère était devenu d'une roideur et d'une opiniâtreté à toute épreuve. Assurément, pensais-je en moi-même, il erre maintenant dans les rues de Paris avec la ferme confiance qu'il doit arriver à ce point de n'avoir plus qu'à choisir, entre tous ses projets, celui qu'il mettra d'abord à exécution, de manière à voir briller son nom sur ces affiches vers lesquelles se concentrent tous ses efforts. Assurément, il donne maintenant un sou à quelque vieux mendiant bien misérable, avec l'intention bien arrêtée de lui offrir un napoléon d'ici à quelques mois.

Plus le temps s'écoulait depuis que nous nous étions perdus de vue, plus mes efforts pour découvrir mon ami étaient infructueux, et plus je me laissais entraîner par l'assurance imperturbable dont il avait fait preuve dans notre dernière entrevue, si bien qu'enfin j'en vins à jeter de temps à autre un regard inquiet et curieux sur les affiches musicales pour voir si, dans quelque coin de ces affiches, je n'apercevrais pas par hasard le nom de mon enthousiaste. Chose étrange, plus l'inutilité de mes recherches me laissait triste et mécontent, plus aussi je me laissais involontairement aller à l'espoir toujours croissant que mon ami avait peut-être fini par réussir. J'en étais presque venu à me figurer qu'en ce moment même où j'errais inquiet à sa poursuite, l'originalité de son talent avait déjà été reconnue et appréciée par quelque grand personnage; que déjà peut-être il s'était trouvé chargé de quelques travaux importants, dont il avait su tirer gloire, honneur, que sais-je encore? Et, après tout, pourquoi non? me disais-je. Toute âme profondément inspirée ne suit-elle pas les destinées de quelque astre? Le sien ne peut-il pas être une heureuse étoile? La découverte d'un trésor caché ne peut-elle donc pas être amenée par un miracle? Précisément parce qu'il ne m'arrivait jamais de rencontrer soit une romance, soit une ouverture, soit enfin quelque composition du genre facile, portant le nom de mon ami, j'aimais à croire qu'il s'était attaqué tout d'abord et avec succès à la réalisation de ses plans les plus grandioses, et que, dédaignant les éléments d'une modeste réputation, il s'était voué corps et âme à la composition de quelque opéra en cinq actes pour le moins. Il est bien vrai que je m'étonnais parfois de ne jamais entendre prononcer son nom, dans aucune des réunions artistiques où il m'arrivait d'assister. Mais comme j'allais peu dans cette sorte de monde, car je tiens moins du musicien que du banquier, je croyais ne m'en devoir prendre qu'à ma mauvaise chance qui m'éloignait précisément des cercles où sa gloire brillait sans doute de l'éclat le plus vif.

On croira sans peine qu'il dut s'écouler un temps assez considérable avant que le douloureux intérêt que m'avait d'abord inspiré mon ami put se changer chez moi en une confiance presque sans bornes dans sa bonne étoile. Pour en venir là, il me fallut nécessairement passer par toutes les phases les plus diverses de la crainte, de l'incertitude et de l'espoir. Aussi s'était-il déjà écoulé près d'un an depuis ma rencontre au Palais-Royal avec un beau chien et un artiste enthousiaste. Dans cet intervalle, des spéculations singulièrement heureuses m'avaient amené à un si surprenant degré de prospérité, qu'à l'exemple de Polycrate, je ne pouvais m'empêcher de craindre que je ne fusse sous le coup imminent de quelque grand malheur. Il me semblait même l'éprouver par avance; ce fut donc dans une disposition d'esprit assez peu riante qu'un jour j'entrepris ma promenade accoutumée aux Champs-Élysées. On était alors en automne; les feuilles jaunies jonchaient la terre, et le ciel semblait couvrir d'un vaste manteau gris la magnifique promenade. Cependant Polichinelle ne laissait pas de se livrer comme de coutume aux accès toujours renaissants de sa vieille et *frappante* colère. S'abandonnant à son aveugle fureur, l'audacieux bravait comme toujours la justice des hommes, jusqu'à ce qu'enfin le courroux du mortel téméraire fût forcé de céder aux épouvantables coups de griffes du principe infernal si merveilleusement représenté par le chat enchaîné. Soudain j'entendis auprès de moi, à peu de distance du modeste théâtre des terribles exploits de Polichinelle, quelqu'un débiter d'une voix étrangement accentuée le monologue suivant:

— Admirable en vérité! admirable! mais comment diable ai-je été chercher si loin ce que j'avais là sous la main? Eh quoi! Est-ce donc un théâtre si méprisable que celui-ci où les vérités les plus saisissantes en poésie et en politique viennent se dérouler devant le public le plus impressionnable et le moins prétentieux du monde? Ce héros si téméraire, n'est-ce pas Don Juan? Ce chat blanc, d'une beauté si mystérieusement effrayante, ne me représente-t-il pas trait pour trait le gouverneur à cheval? Quelle ne sera pas l'importance artistique de ce drame quand j'y aurai adapté une musique! Quels organes sonores chez ces acteurs! Et le chat! Ah! le chat! Quels trésors secrets restent maintenant cachés dans son admirable gosier! Jusqu'à présent il n'a pas fait entendre sa voix; maintenant il est encore tout démon. Mais quel indicible effet ne produira-t-il pas lorsqu'il chantera les roulades que je saurai si bien calculer pour sa voix! Quel incomparable *portamento* dans cette céleste gamme chromatique que je lui destine! Qu'il sera terrible, son sourire, quand il dira ce passage qui doit avoir un si prodigieux succès! Oh! Polichinelle, tu es perdu! Quel plan admirable! Et puis quel excellent prétexte pour l'emploi constant du tam-tam que les éternels coups de bâton de Polichinelle ne viennent-ils pas me fournir! Eh bien! pourquoi tarder à m'assurer la protection du directeur? Je puis me présenter tout de suite; ici, du moins, il ne sera pas question de faire antichambre; un seul pas, et me voilà au milieu du sanctuaire, devant celui dont l'œil divinement clairvoyant n'hésitera pas à reconnaître en moi l'illumination du génie! ou bien faudrait-il encore craindre la concurrence? Le chat, par hasard?... Entrons vite avant qu'il soit trop tard!

En disant ces derniers mots l'homme au soliloque voulut se précipiter dans la baraque de Polichinelle: je n'avais pas eu de peine à reconnaître mon ami, et j'étais bien résolu à lui éviter une fâcheuse démarche. Je le saisis par l'habit, et mes embrassements le forcèrent à se retourner de mon côté.

— Qui diable est là? s'écria-t-il vivement. Il ne tarda pas à me reconnaître; il commença par se débarrasser froidement de moi, puis il ajouta: J'aurais dû penser que toi seul pouvais me détourner de cette tentative, la dernière planche de salut qui me reste. Laisse-moi; il pourrait être trop tard!...

Je le retins de nouveau; je parvins même à l'entraîner un peu plus loin, vis-à-vis du théâtre, mais il me fut tout à fait impossible de l'éloigner entièrement de cet endroit.

Pourtant, je pris le temps de l'observer avec plus d'attention. Dans quel état le retrouvais-je, bon Dieu! Je ne parle pas de son habillement, mais de ses traits. Celui-là était misérable, mais ceux-ci offraient un aspect effrayant. La bonne et franche humeur en avait disparu. Il portait autour de lui des regards fixes et inanimés; ses joues pâles et flasques ne parlaient pas seulement de douleur morale; les taches colorées qui les marbraient témoignaient encore des souffrances de la faim! Comme je le considérais avec le plus profond sentiment d'affliction, il parut touché jusqu'à un certain point, car il ne chercha que faiblement à se dégager de mes bras.

— Comment cela va-t-il, mon cher R...? lui dis-je d'un ton d'hésitation. Puis j'ajoutai avec un sourire triste: Où donc est ton beau chien? Son regard s'assombrit: — Volé! répondit-il laconiquement.

— Pas vendu? dis-je à mon tour.

— Misérable! répondit-il d'une voix creuse, tu es donc aussi comme l'Anglais, toi?

Je ne compris pas ce qu'il voulait dire par ces mots. — Mens, repris-je d'une voix émue, viens, conduis-moi chez toi; j'ai besoin de causer avec toi.

— Tu n'auras bientôt plus besoin de me demander ma demeure, répondit-il; je suis enfin maintenant sur la véritable voie qui mène à la réputation, à la fortune.

Va-t'en, car tu n'en crois rien; que sert de prêcher un sourd? Pour croire, vous autres, vous avez besoin de voir. C'est bien, tu verras bientôt! Lâche-moi maintenant, si tu ne veux pas que je te regarde comme mon ennemi juré.

Je n'en serai que plus fortement ses mains. — Où demeures-tu? lui dis-je encore. Viens, conduis-moi chez toi. Nous parlerons de cœur et d'amitié, et, s'il le faut, tu m'entretiendras même de tes projets.

— Tu les connaîtras par l'exécution, fit-il. Des quadrilles, des galops, voilà qui est de ma force, n'est-ce pas? Tu verras, tu entendras. Vois-tu ce chat? Il me vaudra de solides droits d'auteur. Figure-toi un peu l'effet, quand, de ce museau si fin, du milieu de ces dents rangées en perles sortiront les mélodies chromatiques les plus inspirées, accompagnées des gémissements et des sanglots les plus délicats du monde! Mais l'imagines-tu, mon cher? — Bah! vous n'avez pas d'imagination, vous autres! — Laissez-moi! laissez-moi! vous n'aurez pas de *fantaisie*!

Je le retins avec de nouveaux efforts, renouvelant ma plus instante prière pour qu'il me conduisît chez lui, sans qu'il voulût y avoir plus d'égards. Son regard se tournait toujours vers le chat avec une sorte de surexcitation fébrile.

— Mais tout dépend de lui, s'écriait-il; fortune, considération, gloire, tout cela est entre ses pattes veloutées. Que le ciel dirige son cœur et m'accorde la faveur de ses bonnes grâces. Son regard est bienveillant; oui, oui, c'est de la nature chatière. Il est bienveillant, poli, poli par-delà toute mesure; — mais c'est toujours un chat.

— Attends, je puis te réduire; j'ai un chien magnifique qui te tiendra en respect. Victoire! j'ai gagné. Où est mon chien?

Il avait poussé ces derniers mots avec un cri rauque et dans un mouvement d'exaltation insensée. Il regarda vivement autour de lui, et parut chercher son chien; son œil allumé se porta sur la large chaussée. À ce moment passait sur un magnifique cheval un homme élégant qu'à sa physionomie et à la coupe de ses habits on reconnaissait pour un Anglais. À ses côtés courait en aboyant fièrement un grand et beau chien de Terre-Neuve. — Ah! mon pressentiment! s'écria à cette vue mon pauvre ami transporté de rage et de fureur. Le maudit! mon chien! mon chien!

Toute ma force fut brisée par le pouvoir surhumain avec lequel le malheureux, prompt comme l'éclair, s'arracha de mes mains. Il vola comme une flèche à la suite de l'Anglais, qui, par hasard, mit au même instant son cheval au grand galop, que suivait le chien avec les bonds les plus joyeux du monde. Je courus aussi, mais en vain. Quels efforts pourraient égaler l'exaltation d'un fou furieux? Je vis cavalier, chien et ami disparaître dans une des rues latérales qui conduisent dans le faubourg du Roule. Arrivé à cette rue, je ne les vis plus. Il suffit de dire que tous mes efforts pour retrouver leurs traces demeurèrent sans résultat.

Ébranlé et surexcité moi-même jusqu'à une sorte de délire, je dus pourtant me résoudre à la fin à suspendre provisoirement mes recherches. Mais on m'accordera facilement qu'aucun jour ne se passa de ma part sans efforts pour retrouver quelque indice qui pût me faire découvrir la demeure de mon malheureux ami. Je pris des informations dans tous les endroits qui avaient avec la musique un rapport quelconque; je ne pus trouver nulle part le moindre renseignement. Ce ne fut que dans les antichambres révérées de l'Opéra que les employés subalternes se rappelèrent une triste apparition, une sorte de fantôme lamentable qui s'était montré souvent, attendant qu'on lui accordât une audience, et dont naturellement on n'avait jamais su le nom ni la demeure. Toutes les autres voies, celles même delà police, ne purent me remettre sur sa trace. Les gardiens même delà sûreté publique n'avaient pas jugé à propos de s'occuper du plus misérable des hommes.

J'étais tombé dans le désespoir. Un matin, — c'était environ deux mois après la rencontre des Champs-Élysées, — je reçus par voie indirecte une lettre que m'avait fait tenir une personne de connaissance. Je l'ouvris avec un triste pressentiment, et j'y lus ce peu de mots: « Mon cher, viens me voir mourir! » L'adresse qui s'y trouvait jointe indiquait une étroite ruelle à Montmartre.

Je ne pus pleurer, et m'en fus gravir les pentes de Montmartre. J'arrivai, en suivant les indications de l'adresse, à une de ces maisons de pitoyable apparence comme il s'en trouve dans les rues latérales de cette petite ville. Cette bâtisse, en dépit de son chétif extérieur, n'avait pas manqué de se compléter de cinq étages. Cette condition avait dû, selon toute apparence, influer favorablement sur la détermination de mon misérable ami, et je fus ainsi forcé de me guinder au haut d'un escalier en échelle à donner le vertige. La chose en valait pourtant la peine, car en demandant mon ami, l'on m'indiqua une petite chambre sur le derrière. Or, si, de ce côté moins favorisé de cette respectable masure, il fallait renoncer à la vue de la rue gigantesque, large de deux mètres, on en était dédommagé par la perspective qui s'étendait sur tout Paris. Ce fut donc en présence de cet aspect magnifique, mais sur un lit de douleur, que je trouvai mon malheureux enthousiaste. Son visage, son corps tout entier était infiniment plus amaigri, plus creusé que le jour de notre rencontre aux Champs-Élysées; l'expression de sa pensée était néanmoins bien plus satisfaisante qu'à cette époque. Le regard farouche, sauvage et presque insensé, la flamme indéfinissable de ses yeux, avaient disparu. Son regard était mat et presque éteint: les affreuses taches foncées de ses joues semblaient s'être dissoutes dans la consomption générale.

Tremblant, mais avec une expression calme, il me tendit la main en disant: « Pardonne-moi, cher ami: merci d'être venu. »

Le ton étrangement tendre et sonore avec lequel il avait dit ce peu de mots m'impressionna peut-être encore plus douloureusement que ne l'avait fait d'abord son aspect. Je lui serrai la main et pleurai sans pouvoir parler.

— Il y a, ajouta-t-il après une pause d'émotion, plus d'un an, ce me semble, que nous nous rencontrâmes au brillant Palais-Royal. Je n'ai pas tenu tout à fait parole. Devenir célèbre dans l'année m'a été impossible avec la meilleure volonté du monde. D'un autre côté, ce n'est pas ma faute si je n'ai pu t'écrire au bout d'un an révolu, pour te prier de me voir mourir. Je n'avais pu, malgré tous mes efforts, en venir encore là. Oh! ne pleure pas, mon ami. Il fut un temps où j'ai dû te prier de ne pas rire.

Je voulus parler, mais la parole me manqua encore. — Laisse-moi continuer, dit le mourant, cela m'est facile en ce moment, et je te dois un récit assez long. Je suis persuadé que je ne serai plus demain; c'est pourquoi il faut que tu m'écoutes aujourd'hui. Ce récit est simple, mon ami, très simple: pas de complications étranges, pas de péripéties étonnantes, pas de détails prétentieux. Tu n'as pas à craindre pour ta patience que la facilité de langage dont je jouis momentanément m'enivre et m'emporte trop loin. Il y a eu en revanche des jours, mon cher, où je n'ai pas proféré un son. — Écoute! — Quand je pense à l'état dans lequel tu me trouves aujourd'hui, je crois inutile de t'assurer que ma destinée n'a été rien moins que belle. Il n'est guère plus nécessaire que je te raconte en détail les circonstances dans lesquelles succomba ma foi enthousiaste. Qu'il te suffise de savoir que ce n'étaient pas des écueils sur lesquels j'échouai. — Heureux, hélas! le naufragé qui périt dans la tempête! — Non, c'est dans la vase, dans la boue que je me perdis. — Ce marécage, mon cher, environne tous ces orgueilleux et brillants temples de l'art vers lesquels nous autres, pauvres insensés, marchions en pèlerinage avec une ferveur aussi profonde que si nous eussions dû y gagner le salut de notre âme. Heureux le pèlerin léger de bagage! L'élan d'un seul entrechat bien réussi peut suffire à lui faire franchir la largeur du marais. Heureux le riche ambitieux! son cheval bien manié n'a besoin que d'une seule pression de ses éperons d'or, pour le transporter rapidement de l'autre côté. Malheur, hélas! à l'enthousiaste qui, prenant ce marais pour un pré fleuri, s'y abîme sans retour, et y devient la pâture des grenouilles et des crapauds! Vois, mon cher, comme cette infâme vermine m'a rongé: il n'y a plus en moi une seule goutte de sang. — Dois-je te dire ce qui m'est arrivé? — Pourquoi? après tout. Tu me vois mourir. C'est bien assez de savoir que je n'ai pas été terrassé sur le champ de bataille, mais que... cela est horrible à dire!... je suis mort de faim dans les antichambres. Sache qu'il y en a beaucoup à Paris, beaucoup de ces antichambres avec des bancs de velours ou des bancs de bois, chauffées ou non chauffées, pavées ou non pavées!

« Dans ces antichambres, continua mon pauvre ami, j'ai passé à rêver une belle année de ma vie. J'y ai rêvé beaucoup et prodigieusement, de choses folles et fabuleuses des *Mille et une Nuits*, d'hommes et de bêtes brutes, d'or et d'immondices. J'y ai rêvé de dieux et de contrebasses, de brillantes tabatières et de premières cantatrices, de choristes et de pièces de cinq francs. Au milieu de tout cela, il me semblait entendre souvent le son plaintif et inspiré d'un hautbois. Ce son pénétrait tous mes nerfs et me déchirait le cœur. Un jour, comme j'avais fait les rêves les plus désordonnés, et que ce son m'avait ébranlé de la façon la plus douloureuse, je m'éveillai soudain et trouvai que j'étais devenu fou. Je me rappelle du moins que j'oubliai la chose dont j'avais le plus d'habitude, à savoir, de faire au garçon de théâtre ma plus profonde révérence au moment où je quittai l'antichambre.

— Ce fut, soit dit eu passant, la raison pour laquelle je n'osai jamais y retourner, car le garçon ne m'y aurait probablement plus reçu! — Je quittai donc d'un pas chancelant l'asile de mes songes, mais en franchissant le seuil de la maison, je tombai. J'avais trébuché sur mon pauvre chien qui, selon son habitude, antichambrait dans la rue en attendant son heureux maître auquel il était permis d'antichambrer au milieu des hommes. Il faut que je te dise que ce chien m'avait été fort utile. C'était à lui seulement et à sa beauté que je devais d'avoir été quelquefois honoré d'un regard complaisant par le valet de l'antichambre. Malheureusement, il perdait chaque jour un peu de sa beauté, car la faim ravageait aussi ses entrailles. Cela me donna de nouvelles inquiétudes, puisqu'il devenait évident pour moi que c'en serait bientôt fait de la faveur de ce valet qui m'accueillait déjà parfois avec un sourire de dédain. — Je te disais donc que j'avais trébuché sur mon chien. J'ignore combien de temps je restai là, et combien de coups de pieds je pus recevoir des allants et venants. Enfin, je fus éveillé par les tendres caresses, par la chaude langue du pauvre animal. Je me relevai, et, dans un moment lucide, je compris sur-le-champ le devoir qui m'était le plus impérieusement recommandé: je devais donner à manger à mon chien. Un marchand d'habits intelligent m'offrit quelques sous pour mon mauvais gilet. Mon chien mangea, et je dévorai ce qu'il voulut bien me laisser. Cela lui réussit à merveille, mais rien ne pouvait plus me réussir à moi. Le produit d'une relique, du vieil anneau de ma grand'mère, suffit pour restituer au chien toute sa beauté disparue. Il resplendit de nouveau de tout l'éclat de sa beauté. Ô beauté fatale! — L'état de ma tête était de plus en plus déplorable. Je ne sais plus très bien ce qui s'y passa, mais je me souviens qu'un jour j'éprouvai l'irrésistible fantaisie de voir le diable. Mon chien, éblouissant de beauté, m'accompagnait quand j'arrivai à l'entrée des concerts Musard. Avais-je l'espoir d'y rencontrer le diable? Je ne le sais au juste. Je me mis à examiner les gens qui entraient; et que vois-je dans le nombre? l'abominable Anglais, tout à fait le même en chair et en os. Il n'était point changé, et m'apparut tout à fait comme dans le temps où il me joua auprès de Beethoven cet atroce tour que j'ai raconté. — La terreur me saisit: j'étais bien préparé à affronter un démon de l'autre monde, mais jamais à rencontrer ce fantôme de notre terre à nous. Eh! qu'éprouvai-je, hélas! quand le malheureux me reconnut sur-le-champ? Je ne pouvais l'éviter; la foule nous poussait l'un vers l'autre. Contre son gré et contre la coutume de ses compatriotes, il se vit forcé de se jeter dans mes bras que j'avais étendus pour me frayer un passage. Il y était et fut pressé fortement contre mon cœur agité de mille émotions cruelles. Ce fut un terrible moment! Cependant nous nous trouvâmes bientôt plus au large, et il se dégagea avec quelque contrariété de mes étreintes involontaires. Je voulus fuir, mais cela me fut impossible. — Soyez donc le bienvenu, mon cher monsieur! s'écria-t-il; c'est charmant pour moi de vous rencontrer toujours ainsi sur les chemins de l'art! Nous allons cette fois chez Musard! Rempli de rage, je ne pus trouver que cette exclamation: — Au diable! — Ah! oui, répondit-il, cela doit être diabolique. J'ai ébauché dimanche dernier une composition que je dois offrir à Musard. Connaissez-vous Musard? Voulez-vous me présenter à lui? — Mon horreur pour ce spectre se changea en une angoisse sans nom. Surexcité comme je l'étais, je réussis à me dégager de lui et à m'enfuir vers le boulevard. Mon beau chien courait en aboyant à mon côté. En un clin d'œil l'Anglais était auprès de moi, m'arrêta, et me dit avec un accent d'exaltation: — Sire, ce beau chien est-il à vous? — Oui. — Oh! cela est très bien, monsieur; je vous compte pour ce chien cinquante guinées! Savez-vous que c'est la mode pour les gentlemen d'avoir des chiens de cette espèce? Aussi j'en ai déjà possédé une quantité innombrable. Malheureusement, ces animaux étaient tous anti-musiciens: ils n'ont jamais pu souffrir que je jouasse de la flûte ou du cor, et se sont toujours enfuis de chez moi pour cette cause. Mais je dois supposer, puisque vous avez le bonheur d'être musicien, que votre chien est aussi organisé pour la musique. C'est pourquoi je vous en offre cinquante guinées. — Misérable! m'écriai-je, ne vendrais pas mon chien pour la Grande-Bretagne tout entière! Et je me mis là-dessus à courir, mon chien courant devant moi. Je louvoyai dans les rues de traverse, qui conduisaient à l'endroit où je passais ordinairement la nuit. Il faisait un beau clair de lune. De temps à autre je jetais autour de moi des regards inquiets. Je crus remarquer avec effroi que la longue silhouette de l'Anglais me poursuivait. Je doublai le pas avec un surcroît d'anxiété. Tantôt j'apercevais le fantôme, tantôt je le perdais de vue. Enfin j'atteignis tout tremblant mon asile. Je donnai à manger à mon chien, et m'étendis sans souper sur un lit bien dur. Je dormis longtemps, et fis des rêves horribles. Quand je m'éveillai, mon beau chien avait disparu. Comment s'était-il échappé, ou plutôt comment l'avait-on attiré de l'autre côté de la porte mal fermée d'ailleurs? c'est ce que je ne puis comprendre encore aujourd'hui. J'appelai, je le cherchai jusqu'à ce que je tombasse en sanglotant. Tu te rappelles qu'un jour je revis l'infidèle dans les Champs-Élysées; tu sais quelles peines je me donnai pour le reprendre, mais tu ne sais pas que l'animal me reconnut bien, et que lorsque je l'appelai, il s'enfuit loin de moi comme une bête fauve. Je ne l'en poursuivis pas moins, et avec lui le cavalier satanique, jusqu'à la porte cochère où celui-ci se précipita, et qui se referma en criant sur lui et sur le chien. Dans ma rage, je fis à la porte un bruit de tonnerre. Des aboiements furieux furent la seule réponse que je reçus. Épuisé et presque abruti, je fus forcé de m'asseoir jusqu'à ce que je fusse tiré de mon anéantissement par une horrible gamme exécutée sur le cornet, dont les sons sortant du fond de l'hôtel percèrent mon oreille et provoquèrent dans la cour des hurlements douloureux. Alors, j'éclatai de rire, et m'en retournai. »

Profondément ému, mon pauvre ami s'arrêta. Si la parole lui était devenue plus facile, l'exaltation intérieure ne lui causait pas moins une affreuse fatigue. Il ne lui était plus possible de se tenir assis. Il retomba avec un faible gémissement. Une longue pause suivit. J'observai ce malheureux avec une émotion pénible. Ses joues avaient revêtu cette teinte rouge transparente particulière aux phtisiques. Il avait fermé les yeux, et restait là comme endormi. Sa respiration ne se trahissait que par un mouvement peu sensible et presque éthéré. J'attendais avec anxiété le moment où je pourrais lui parler pour lui demander à quoi je pourrais encore lui être bon en ce monde. Enfin, il ouvrit les yeux. Un éclat glauque et surnaturel animait son regard qu'il tourna sans hésiter vers moi.

— Mon pauvre ami, lui dis-je, tu me vois plein d'un désir douloureux de te servir en quelque chose. As-tu quelque vœu à faire? dis-le moi.

Il répondit en souriant: — Tu es bien impatient, ami, de connaître mon testament. Oh! sois sans inquiétude, je ne t'y ai pas oublié. Mais ne veux-tu donc pas apprendre auparavant comment ton malheureux frère en est venu jusqu'à mourir? Vois-tu, je voudrais que mon histoire fût connue au moins d'une âme sur cette terre, et je n'en sais pas une, si ce n'est la tienne, de qui je puisse croire qu'elle se soucie de moi. Ne crains pas que je me fatigue; je me sens à mon aise, et la chose m'est facile. Aucune pesanteur dans la respiration, et les paroles coulent de source. Au reste, vois-tu, je n'ai plus que peu de chose à raconter. Tu te figures bien qu'au point où j'en étais arrivé de mon histoire, je n'avais plus rien à faire avec les choses du monde extérieur. C'est de là que date mon histoire intime, car je sus dès ce moment que je mourrais bientôt. Cette affreuse gamme sur le cornet dans l'hôtel de l'Anglais me remplit d'un dégoût de la vie, mais dégoût tellement irrésistible que je résolus de mourir. Je ne devrais point, à la vérité, tirer gloire de cette résolution, car je n'étais plus guère libre de vouloir mourir ou vivre. Quelque chose avait éclaté dans ma poitrine et y avait laissé une résonnance prolongée et perçante. Quand ce son s'éteignit, je me sentis à mon aise comme je ne l'avais jamais été, et sus que j'allais mourir. Oh! que cette conviction me remplit de contentement! Comme je m'exaltai au pressentiment d'une dissolution prochaine que je surpris dans toutes les parties de mon être délabré! Insensible à tous les objets extérieurs, et ne sachant où me portaient mes pas tremblants, j'arrivai un jour sur les hauteurs de Montmartre. Je saluai le mont des Martyrs, et résolus de finir sur ce coin de terre; car je mourais, moi aussi, pour la pureté de la croyance; je pouvais, moi aussi, me dire martyr, quoique ma foi n'eût jamais été combattue par personne, si ce n'est par la faim. Ici, malheureux, sans asile, j'ai trouvé un toit; je n'ai pas demandé autre chose, sinon qu'on me donnât ce lit et qu'on fît chercher les partitions et les papiers que j'avais déposés dans un misérable bouge de la grande ville, car je n'avais, hélas! pu réussir à les mettre quelque part en gage. Tu me vois, j'ai résolu de mourir en Dieu et dans la véritable musique. Un ami me fermera les yeux; mon chétif avoir suffira pour payer mes dettes, et j'aurai sans doute une sépulture honorable, que puis-je donc souhaiter de plus?

Je donnai jour enfin aux sentiments qui m'oppressaient:

— Comment, m'écriai-je, as-tu pu ne m'invoquer que pour ce triste service! Ton ami, quelque mince que fût son pouvoir, ne pouvait-il donc pas t'être utile d'une autre manière? Je t'en conjure, pour ma tranquillité, parle sincèrement, était-ce un défaut de confiance dans mon amitié, qui t'empêcha de t'adresser à moi et de me faire connaître plus tôt ton sort?

— Oh! ne te fâche pas, répondit-il d'un air suppliant, ne te fâche pas contre moi quand je t'avouerai que je m'opiniâtrais à te regarder comme mon ennemi! Quand je reconnus mon erreur à cet égard, ma tête tombait dans un état qui m'enlevait la responsabilité de mes actions. Je sentis que je n'avais plus rien à faire avec les hommes sensés. Pardonne-moi, et montre-toi plus bienveillant que je ne le fus à ton égard. — Allons! donne-moi la main, et que cette faute de ma vie soit comme effacée!

Je ne pus résister; je saisis sa main et fondis en larmes. Cependant, je reconnus combien les forces de mon ami diminuaient. Il n'était plus en état de se dresser: cette rougeur passagère alternait sur ses joues avec des teintes de plus en plus mates.

— Mon cher, occupons-nous d'une petite affaire, reprit-il. Nomme cela, si tu le veux, mes dernières volontés, car je veux d'abord que mes dettes soient soldées. Les pauvres gens qui m'ont reçu m'ont soigné bien volontiers, et ne m'ont guère fait souvenir qu'ils devaient être payés. Il en est de même de quelques autres créanciers, dont tu trouveras la liste sur ce papier. Pour le paiement, je fais cession de tous mes biens; là mes compositions, ici mon journal, où.je portais mes notes musicales et mes caprices. Tu as de l'habitude, mon cher ami; je me repose sur ton habileté du soin de tirer de ces valeurs de ma succession le meilleur prix possible, et d'employer le produit à l'acquittement de mes dettes terrestres. — En second lieu, je veux que tu ne maltraites pas mon chien, si jamais tu le rencontres; car je suppose que le cornet de l'Anglais l'a déjà terriblement puni de son manque de fidélité. — Troisièmement, je veux que le récit de mes souffrances à Paris soit publié, sauf à taire mon nom, pour servir d'avertissement à tous les fous qui me ressemblent. Enfin, je veux un enterrement décent, mais sans éclat et sans foule. Peu de personnes suffiront à m'accompagner. Tu trouveras dans mon journal leur nom et leur adresse. Les frais de l'enterrement seront supportés par eux et par toi. — *Amen.*

— Maintenant, reprit le mourant après une interruption que rendit nécessaire son affaiblissement de plus en plus sensible, maintenant, un dernier mot sur ma croyance: Je crois à Dieu, à Mozart, à Beethoven, ainsi qu'à leurs disciples et à leurs apôtres; je crois au Saint-Esprit et à la vérité d'un art un et indivisible; je crois que cet art procède de Dieu, et vit dans les cœurs de tous les hommes éclairés d'en haut; je crois que celui qui a goûté une seule fois les sublimes jouissances de cet art, lui est dévoué pour toujours, et ne peut le renier; je crois que tous peuvent devenir bienheureux par cet art, et qu'il est en conséquence permis à chacun de mourir de faim en le confessant; je crois que la mort me donnera la suprême félicité; je crois que j'étais sur la terre un accord dissonant qui va trouver dans la mort une pure et magnifique résolution; je crois à un jugement dernier où seront affreusement damnés tous ceux qui, sur cette terre, ont osé faire métier, marchandise et usure de cet art sublime qu'ils profanaient et déshonoraient par malice de cœur et grossière sensualité; je crois que ces immondes seront condamnés à entendre pendant l'éternité leur propre musique; je crois au contraire que les fidèles disciples de l'art sublime seront glorifiés dans une essence céleste, radieuse de l'éclat de tous les soleils au milieu des parfums des accords les plus parfaits, et réunis dans l'éternité à la source divine de toute harmonie. Puisse un sort pareil m'être octroyé en partage! *Amen.*

Je crus un instant que la fervente prière de mon enthousiaste ami était exaucée, tant son œil resplendissait d'une lumière céleste, tant il restait immobile dans une extase sans souffle. Vivement ému, je me penchai sur son visage pour reconnaître s'il appartenait encore à ce monde. Sa respiration très faible et presque imperceptible m'apprit qu'il vivait encore. Il murmura à voix bien basse, quoique intelligible, ces mots: — Réjouissez-vous, croyants; les joies qui vous attendent sont grandes. — Puis il se tut; l'éclat de son regard s'éteignit; un sourire aimable resta sur ses lèvres. — Je lui fermai les yeux, et priai Dieu de m'accorder une mort semblable.

Qui sait ce qui, dans cette créature humaine, s'éteignit sans laisser de traces! Était-ce un Mozart, un Beethoven? qui peut le savoir, et qui voudrait me contredire si je déclarais qu'avec cet homme mourut un artiste qui eut ravi le monde par ses créations, s'il ne fût mort de faim préalablement. Je le demande, qui me prouvera le contraire?

— Aucun de ceux qui suivirent sa dépouille mortelle ne pensa à soutenir cette thèse. Ils n'étaient que deux avec moi, un philologue et un peintre; un autre fut empêché par un rhume; plusieurs autres n'eurent pas le temps. Comme nous arrivions sans pompe au cimetière Montmartre, nous remarquâmes un beau chien qui s'approcha de la civière et flaira le cercueil en renâclant avec une curiosité triste et inquiète. Je reconnus l'animal et regardai autour de nous: j'aperçus, fièrement assis à cheval, l'Anglais, qui parut ne rien comprendre à l'étrange préoccupation de son chien qui suivait le cercueil; il descendit, donna son cheval à garder à son domestique, et nous rejoignit dans le cimetière: — Qui enterrez-vous là, monsieur? dit-il, en s'adressant à moi. — Le maître de votre chien, répondis-je. — Goddam! s'écria-t-il, il est fort désagréable pour moi que ce gentleman soit mort sans avoir reçu son argent pour le prix de l'animal. Je le lui avais destiné et cherchais une occasion de le lui faire parvenir, quoique ce chien hurle pendant mes exercices de musique. Mais je réparerai ma sottise, et disposerai des cinquante guinées, qui sont le prix du chien, pour une pierre funéraire qui sera placée sur la sépulture de l'honorable gentleman. Puis il s'en fut et remonta à cheval; le chien resta près de la fosse pendant que l'Anglais s'éloignait.

Il me reste maintenant à exécuter le testament. Je publierai dans les prochains numéros de cette gazette, sous le titre de *Caprices esthétiques d'un musicien*, les différentes parties du journal du défunt, pour lesquelles l'éditeur a promis de payer un prix élevé, par égard pour la destination respectable de cet argent. Les partitions qui composent le reste de sa succession sont à la disposition de MM. les directeurs d'Opéra, qui peuvent, pour cet objet, s'adresser, par lettres non affranchies, à l'exécuteur testamentaire.

Le musicien et la publicité

CAPRICES ESTHÉTIQUES

Extraits du Journal d'un musicien défunt.

Souvent quand je suis seul, et que les fibres musicales se mettent à vibrer dans ma poitrine; que les sons divers et confus se groupent en accords, et que j'en sens jaillir enfin l'idée qui révèle tout mon être; que l'enthousiasme m'enflamme, fait battre mes artères sous des pulsations violentes, et s'épanche de mes yeux mortels en larmes divines, souvent alors je me dis à part moi: « Ne suis-je pas vraiment un grand fou, de ne pas vivre toujours ainsi avec moi-même, de laisser là toutes ces félicités intimes, de me pousser à toute force au grand jour, et de me produire vaniteusement devant le public, dont les suffrages, si complets, si éclatants qu'ils puissent être, ne me donneront pas la centième partie des jouissances qui m'attendent dans la solitude? Pourquoi tous ces mortels privilégiés, dont le cœur brûle du feu de l'inspiration divine, quittent ils leur sanctuaire? Pourquoi courent-ils ainsi haletants dans les rues boueuses de la capitale, et recherchent-ils avec tant d'empressement des hommes ennuyés ou blasés, auxquels ils sacrifient à tout prix un bonheur ineffable? Et que d'efforts, que d'agitation, que de déboires, pour avoir occasion de faire ce sacrifice? Que de machinations et d'intrigues ils sont obligés de mettre en œuvre pendant une bonne moitié de leur vie, pour faire entendre au vulgaire ce qu'il ne pourra jamais comprendre? Est-ce de peur que l'histoire de la musique ne vienne à s'arrêter quelque jour ou à s'interrompre? Est-ce pour cela qu'ils effacent les plus belles pages de l'histoire de leur propre cœur, et qu'ils brisent le lien divin qui aurait rattaché des cœurs sympathiques de siècle en siècle, au lieu que maintenant il n'est question que de toutes sortes d'écoles et de manières?

Il y a là quelque puissance occulte et inexplicable, dont moi-même, hélas! je subis l'influence funeste. Plus j'y songe, moins je puis me rendre compte des motifs qui poussent les artistes à rechercher le grand jour de la publicité. Est-ce l'ambition, le désir du bien-être? motifs bien puissants sans doute; mais quel est l'homme sur lequel ils aient prise à l'heure de l'enthousiasme, ou dont ils puissent émouvoir le génie? Dans la vie ordinaire, je conçois qu'on cède à ces motifs, quand il est question d'un bon dîner, d'un article louangeur dans les journaux; mais jamais quand il s'agit de sacrifier les plus hautes jouissances qu'il soit donné à l'homme de goûter. Pour les cœurs aimants, ce pourrait bien être le désir irrésistible de laisser s'épancher le surplus de l'enthousiasme qui les enivre et de faire participer le monde entier à leur extase. Malheureusement, l'artiste ne voit point le monde tel qu'il est; il se le représente comme étant à sa hauteur, il oublie qu'il n'est composé que de gens en fracs à la dernière mode et en mantilles de soie.

Ce désir immodéré et funeste de la publicité paraît-être tellement vivace, que même aux heures où l'inspiration a cessé, il continue à nous travailler le cerveau, et c'est dans ces heures qu'il faut lui donner le nom d'ambition. Ô ambition pernicieuse, à qui nous devons tous les airs, airs variés, etc., c'est toi qui nous enseignes à ravager systématiquement le sanctuaire de la poésie que nous portons en nous! c'est toi qui dans ton ironie démoniaque nous pousses à souiller de roulades impudiques un chaste et pur accord; à resserrer une pensée vigoureuse et large dans un lit étroit de cadences et de niaiseries!

Ô vous, *heureux infortunés*, aux joues creuses et pâles, aux yeux usés, vous vous êtes flétris au souffle brûlant de l'étude et du travail, afin que le public vous criât bravo! pour l'enveloppe mensongère dont vous entouriez votre poésie dans les moments de calcul et de réflexion prosaïque, et que vous lui arracheriez avec joie si vous ne craigniez que votre création, si elle se montrait dans sa nudité, ne fût obligée de fuir honteuse et éperdue devant les railleries du vulgaire. Oh! si vous étiez tous mes frères et mes amis, je vous ferais une proposition à l'amiable: je vous engagerais à faire de la musique pour votre compte, et à exercer en même temps quelque bon métier ou à spéculer à la Bourse. Vous seriez alors tout à fait heureux et vous pourriez mener bonne et joyeuse vie. Je veux vous donner l'exemple; deux heures sonnent, je vais à la Bourse; si j'échoue dans mes opérations, j'écrirai des quadrilles; c'est un bon métier, qui fort heureusement n'a rien de commun avec la musique.

Le « Freischütz »

Au plus profond d'une de ces forêts de la Bohême, vieilles comme le monde, se trouve la *Gorge-aux- Loups*, dont la renommée date de la guerre de trente ans, guerre désastreuse qui battit en brèche les derniers restes de la majesté du saint empire. La plupart du temps on ne parlait de la vallée mystérieuse que d'après des ouï-dire; quelques chasseurs seulement y avaient pénétré, emportés malgré eux, à travers ces solitudes sombres et impénétrables, sur les traces de leurs hôtes farouches. Ils racontaient des choses merveilleuses de ce lieu de terreur; le paysan écoutait leurs récits en frémissant, faisait le signe de la croix, et suppliait la Vierge et tous les saints de veiller à ce que jamais il n'eût le malheur de s'égarer dans ces contrées. Aux approches de la Gorge-aux-Loups le chasseur entendait un bruit étrange; de sourds mugissements couraient dans les larges branches des vieux sapins, qui ne pliaient point au souffle du vent, mais semblaient animés et secouaient au hasard leurs têtes noires. Arrivé aux bords de la vallée, le chasseur se trouvait devant un abîme dont la profondeur échappait à ses regards. Là surgissaient des rangées de rochers qui offraient l'apparence de membres humains, de visages hideusement contournés; puis c'étaient des amas de pierres noires sous la forme dégoûtante de crapauds et de lézards gigantesques. À une certaine profondeur, ces pierres semblaient vivantes; elles se mouvaient, elles rampaient et roulaient en masses épaisses et informes; ce qu'il y avait plus bas encore, on ne pouvait le distinguer. Des vapeurs livides montaient incessamment en répandant au loin une odeur pestilentielle; elles s'ouvraient et se déployaient çà et là en larges bandes, et prenaient l'apparence de figures humaines, qui grimaçaient avec leurs traits brisés par de hideuses contorsions.

Au milieu de toutes ces horreurs apparaissait, perché sur un tronc d'arbre pourri, un énorme hibou engourdi dans le repos du jour; en face, était une porte sculptée dans le roc; auprès, veillaient deux monstres dont l'étrange structure offrait un mélange du lézard, du serpent et du dragon; ils paraissaient également enchaînés par un sommeil léthargique, et un terrible pressentiment avertissait le chasseur que toute cette engeance pouvait bien ne commencer à vivre qu'à minuit. Mais ce qu'il entendait lui inspirait plus d'effroi encore que ce qu'il voyait. À travers les sapins qui s'inclinaient sur la crête de la gorge, roulait une tempête incessante qui, de temps à autre, semblait contenir violemment sa fureur. Les cimes poussaient de sinistres hurlements que des bouffées de vent portaient au fond de l'abîme, d'où sortaient, l'instant d'après, des cris plaintifs qui passaient si près de l'oreille du chasseur, qu'il en ressentait jusqu'au fond du cœur une secousse douloureuse.

Par moment s'élançaient du gouffre des essaims innombrables d'oiseaux de proie qui planaient et se déroulaient en nappe immense et sombre, et puis se replongeaient dans la nuit. Jamais parmi les hôtes ailés de ces forêts, on n'en avait aperçu d'une forme aussi bizarrement affreuse. Le croassement du corbeau semblait doux comme le chant du rossignol auprès des cris enroués, des gémissements sourds et rauques qui sortaient de ces noirs bataillons, et frappaient l'âme d'épouvante et d'horreur.

Le chasseur le plus intrépide, familiarisé dès longtemps avec tous les dangers de ces forêts, avec tous les fantômes de la nuit, s'enfuyait comme un faon timide, poussé par une anxiété indicible; et sans chercher à retrouver les sentiers qui lui étaient connus, il courait au hasard vers la plus prochaine habitation où il pût rencontrer des êtres humains, et raconter ce qu'il avait vu, ce qu'il avait entendu.

Heureux le jeune homme qui, après avoir été témoin d'un pareil spectacle, avait, pour se distraire et se rassurer, un pieux et fidèle amour dans le cœur! Sa bien-aimée n'était-elle pas son génie tutélaire? N'était-elle pas lange de grâce et de pureté qui le suivait partout, rayonnait en lui, et répandait sur toute sa vie intérieure la paix et la sérénité de l'innocence? Depuis qu'il aimait, ce n'était plus le chasseur fier et impitoyable, s'enivrant de sang et de carnage. La jeune fille lui avait appris à connaître ce qu'il y a de divin dans la création, à comprendre ces voix mystérieuses qui lui parlaient dans la solitude des bois. Maintenant il se sentait parfois ému de compassion pour le chevreuil qui passait gracieux et léger dans les taillis, et ce n'était souvent qu'à regret qu'il obéissait aux cruelles obligations de son état; et il pleurait quand il voyait des larmes dans les yeux du noble gibier abattu à ses pieds. Pourtant ce rude et cruel métier de la chasse, il devait l'aimer, car par son adresse seule, et à titre du plus habile tireur, il pouvait prétendre à la main de sa bien-aimée. La fille du forestier n'appartenait qu'à celui qui, le jour même des noces, gardait assez de sang-froid pour sortir vainqueur de la lutte; *le coup d'épreuve* décidait du sort des deux amants. Malheur au jeune homme dont la balle déviait seulement de l'épaisseur d'un cheveu! Fiancée et avenir, il perdait tout à la fois!

Or, à mesure que l'époque approchait où sa destinée devait se décider pour toujours, le sort paraissait devenir de jour en jour plus hostile à notre jeune homme. Jusque-là il avait été le plus heureux et le plus adroit chasseur; maintenant il lui arrivait souvent de courir les bois des jours entiers, sans pouvoir rapporter à la maison le moindre trophée en témoignage de ses exploits. La pitié qu'il éprouvait pour les hôtes innocents des forêts lui avait-elle gâté l'œil ou la main? Mais alors pourquoi le coup portait-il à faux, quand il visait un de ces brigands des airs pour lesquels, certes, il était bien éloigné d'éprouver la moindre sympathie? Pourquoi ne logeait-il plus la balle dans le noir, quand on tirait à la cible? Pourquoi manquait-il le but, quand il cherchait à calmer les inquiétudes de sa prétendue par un coup heureux? Le vieux forestier secouait la tête; les anxiétés de la jeune fille croissaient de jour en jour; notre chasseur errait dans les profondeurs des bois, se livrant à de sombres pensées. Il méditait à part lui sur ses malheurs, il cherchait à en approfondir les causes. Souvent, dans le fond de son âme, il entendait de nouveau le bruit des sapins, les affreux croassements, comme au jour où un hasard funeste l'avait conduit à la Vallée aux Loups. Il se croyait sous l'obsession de quelque puissance démoniaque jalouse de son bonheur et acharnée à sa perte. En même temps lui revenait à la mémoire tout ce qu'on lui avait raconté au sujet de cette apparition nocturne qu'on appelait *la Chasse sauvage*. C'était une troupe infernale de chasseurs, une cohue de chevaux, de chiens, de cerfs et de sangliers qui, à minuit, roulait pêle-mêle au-dessus des bois. Malheur à celui qui se trouvait sur son passage! C'était un tintamarre, un cliquetis d'armes, des rugissements si effroyables mêlés aux sons du cor, aux aboiements des chiens, aux hennissements des chevaux, que le cœur d'un mortel était trop faible pour y résister: ceux qui avaient vu la Chasse sauvage en mouraient presque toujours peu de temps après. Le jeune chasseur se rappelait aussi avoir entendu parler de celui qui conduisait les meutes aériennes, espèce de génie malfaisant connu sous le nom de Samiel, qui cherchait à enrôler des jeunes gens pour ses courses nocturnes. Dans ce but, Samiel détachait un de ses suppôts vers l'infortuné, dont il voulait faire sa victime. Celui qui lui servait d'instrument pour exécuter ses projets était un garçon adroit, rusé, déjà initié à ces mystères de l'enfer; il circonvenait le jeune homme, s'insinuait dans son amitié, lui parlait souvent de certaines forces occultes, de certaines influences magiques, grâce auxquelles on était sûr de son coup, et qui mettaient le chasseur à même de l'emporter sur tous ses rivaux. Il lui disait que si on se rendait à certaine heure dans telle ou telle localité, on pouvait, à l'aide d'évocations très faciles à accomplir, conjurer des esprits, se les rendre tributaires, et les forcer à vous rendre des services inappréciables. Ainsi, par exemple, il lui proposait de l'accompagner à minuit en certain lieu; et s'il voulait faire part à demi, il promettait de lui procurer des balles qui, imprégnées d'une puissance démoniaque, avaient la propriété d'atteindre le but le plus éloigné. Ces balles on les appelait *balles-franches*, et celui qui les possédait était *franc-tireur* (Freischütz).

Le jeune homme restait tout ébahi, tout stupéfait devant ces merveilleux récits qui s'accordaient du reste parfaitement avec tout ce qui se passait autour de lui depuis quelque temps. Ne devait-il pas être porté à croire à l'influence d'esprits invisibles, quand il songeait que lui, le meilleur tireur de la contrée, ne pouvait plus compter sur sa carabine, qui jusque-là n'avait jamais trompé son coup d'œil? Déjà la paix de son âme était troublée: le jour était proche où, grâce à sa mauvaise étoile, il allait perdre pour toujours, peut-être, le bonheur auquel il aspirait. Sa destinée semblait le pousser irrévocablement à se servir d'une de ces balles démoniaques dont son camarade lui avait vanté l'infaillible puissance. Mais ces balles, où les trouver? — À minuit, dans la Gorge-aux-Loups! — Les cheveux se dressaient sur la tête du vertueux jeune homme. Dans la Gorge-aux-Loups! À minuit! Alors il comprenait tout. D'un coup d'œil, il sondait le sacrifice énorme qu'on exigeait de lui: il s'agissait positivement du salut de son âme! Et pourtant il n'avait pas d'autre ressource; c'était le seul moyen de se soustraire à l'influence de l'astre malfaisant qui pesait sur lui. Pâle, une flamme sinistre dans les yeux, il retourne auprès de sa bien-aimée. L'aspect de la pieuse et candide jeune fille ne saurait le calmer; il sait qu'il n'a que deux partis à prendre: renoncer à elle et à son bonheur ici-bas, ou tenter une chance terrible et recourir à l'enfer. Le feuillage des arbres frémit doucement autour de la maison solitaire du forestier; la joyeuse compagne de celle qu'il aime cherche vainement à l'égayer; vainement la jeune fiancée enlace ses bras autour de la taille de son prétendu. Il reste immobile, les yeux fixes, concevant dans sa pensée les terribles mystères vers lesquels il se sent entraîné; il croit entendre de loin les accents formidables qui l'appellent à la Gorge-aux-Loups où son camarade l'attend pour l'initier aux pratiques de l'enfer! Il s'arrache des bras de sa fiancée qu'agitent de cruelles appréhensions: pour la posséder il est prêt à sacrifier le salut de son âme.

Guidé par les puissances ténébreuses auxquelles il s'abandonne, il arrive au séjour redouté où son camarade a tout disposé pour l'œuvre des ténèbres. En vain l'ombre de sa mère lui apparaît pour le mettre en garde contre les sortilèges du démon; poussé par le désespoir, il descend dans la gorge. La fonte des balles commence. Les puissances des ténèbres éternelles sont évoquées; bientôt s'accomplit ce que le jeune homme avait pressenti lors de sa première visite à la Vallée aux Loups. Tout ce qui l'entoure s'anime par degrés; des milliers de corps se dressent, étendant leurs bras vers lui; l'ouragan mugit; les hurlements des airs forment un concert infernal; des visions, comme jamais il ne s'en est montré aux regards d'un mortel, surgissent de la gorge; enfin la chasse sauvage passe au-dessus de leur tête: éperdu, le chasseur tombe sans connaissance, la face contre terre.

Cette nuit-là, sept balles furent fondues, balles fatales que Samiel a enchantées, et auxquelles il a communiqué la vertu d'atteindre infailliblement le but qu'on leur assignera. Toutefois, sur les sept balles, il s'en est réservé une à laquelle il peut donner telle direction qu'il lui plaira. Les deux chasseurs se partagent les sept balles par moitiés inégales: quatre sont échues au plus jeune. On se prépare au tir; le prince qui s'y trouve présent veut d'abord mettre à l'épreuve le fiancé, il lui ordonne de montrer son adresse au tir; et pour se produire avec avantage, et donner une bonne idée de son talent, le jeune homme a naturellement recours à ses balles-franches: et en effet elles portent toutes sans manquer d'une ligne, si éloigné que soit le but. De cette façon sa provision de balles enchantées s'est épuisée; il ne lui en reste plus qu'une qu'il garde jusqu'au jour fatal où il s'agira de disputer la main de la jeune fille à ses rivaux. Mais à partir de ce moment, il redevient aussi maladroit qu'auparavant. Son camarade, lui aussi, a jeté au hasard et sans aucune utilité les trois balles-franches qu'il avait reçues pour sa part, et cela dans l'intention de forcer notre jeune homme à se servir de la septième et dernière qui lui reste. Le moment est arrivé: une colombe blanche traverse les airs. On dit au jeune homme de la viser; ce sera pour lui l'épreuve décisive. Plein de confiance en sa balle-franche, l'infortuné presse la détente. Le coup part... et sa prétendue tombe baignée dans son sang! La balle que Satan s'était réservée a frappé la jeune fille au cœur.

Telle est la tradition du *franc-tireur* (Freischütz); et, de nos jours, les chasseurs de ces contrées parlent encore de balles-franches. Cette tradition sombre, démoniaque, s'accorde parfaitement avec l'aspect solennel et mélancolique de ces formidables forêts de la Bohême. On comprend au premier coup d'œil le sens de ces récits populaires, quand on traverse ces solitudes, ces vallées coupées dans les rochers hérissés d'antiques sapins aux formes les plus bizarres. La tradition du Freischütz porte d'ailleurs profondément l'empreinte de la nationalité allemande. Chez tout autre peuple, le diable eût été probablement de la partie; le diable est toujours en jeu partout où il arrive un malheur. Mais ce n'est que chez les Allemands que l'élément démoniaque pouvait se manifester sous des formes aussi mystiques, avec le caractère de mélancolie rêveuse; que la nature extérieure pouvait se confondre aussi intimement avec l'âme de l'homme, et produire des émotions aussi naïves et aussi touchantes. Partout ailleurs nous voyons le diable se mêler parmi la société des hommes, inspirer des sorciers et des sorcières, les abandonner au bûcher ou les sauver de la mort selon son bon plaisir; nous le voyons même revêtir le caractère de père de famille, et veiller au *salut* de son fils. Mais ces récits, le paysan le plus grossier n'y croit plus de nos jours; tandis que les contes et traditions qui ont leur origine dans les régions les plus mystérieuses de la nature et du cœur humain éveillent

encore aujourd'hui les sympathies des gens instruits; ils aiment à se reporter aux jours de leur enfance où les grands arbres des sombres forêts, s'agitant au souffle de la tempête, leur paraissaient des êtres vivants, dont les voix mystérieuses étaient comme l'écho d'un monde fantastique.

Ce n'est que chez le peuple où la tradition du Franc-tireur avait pris naissance, et qui aime encore aujourd'hui à se laisser bercer au charme du merveilleux, qu'un compositeur, homme d'esprit, pût concevoir l'idée d'asseoir un grand ouvrage musical sur une pareille base. En prenant cette tradition pour texte de son opéra, Weber savait qu'il serait compris aussi bien dans les accords profondément mystérieux de l'ouverture, que dans les simples et joyeuses mélodies du chœur des jeunes compagnes de la fiancée. En effet, en glorifiant le vieux conte populaire, le compositeur s'assurait un triomphe, dont jusque-là il n'y avait point eu d'exemple. Aux accords de cette suave et profonde élégie, il vit se confondre dans un même sentiment d'admiration ses compatriotes du nord et du midi, depuis les sectateurs de la *Critique de la raison pure* de Kant, jusqu'aux lecteurs du *Journal des modes* de Vienne. Le philosophe de Berlin fredonnait gaiement: *Nous le tressons la couronne virginale*; le directeur de police répétait avec enthousiasme: *À travers les bois, à travers les prairies*; tandis que le laquais de cour chantait d'une voix enrouée: *Que peut-on comparer sur terre aux plaisirs de la chasse?* Et moi-même, je me rappelle qu'étant enfant, je m'efforçais de donner une expression diabolique à cet air si âpre, si sauvage: *Ici-bas dans cette vallée de larmes*. Le grenadier autrichien marchait aux sons du chœur des chasseurs; le prince Metternich dansait la valse des paysans de la Bohême; et les étudiants d'Iéna chantaient le *chœur moqueur* (Spottchor) à leurs professeurs. Cette fois, tous les divers éléments de la vie politique allemande, qui se brise dans tous les sens, se réunissaient en un foyer commun: d'un bout de l'Allemagne à l'autre, le *Freischütz* était dansé, chanté, écouté avec transport.

Et vous aussi, qui vous promenez au bois de Boulogne, vous avez chanté les airs du *Freischütz*! Dans les rues de Paris les orgues de Barbarie ont fait entendre le chœur des chasseurs; l'Opéra-Comique n'a pas dédaigné *la Couronne de la vierge*, et cet air ravissant: *Jamais le sommeil n'approcha de mes paupières* a plus d'une fois enthousiasmé l'auditoire de vos salons. Mais ce que vous chantiez, le compreniez-vous? J'en doute fort. D'abord vous n'avez pas vu cette nature si étrangement sauvage; et puis dans la sentimentalité, dans la rêverie allemande, il y a quelque chose qui échappera toujours aux étrangers, si spirituels qu'ils puissent être. Nous sommes un peuple singulier; l'air de *Freischütz*: *À travers les bois*, fait couler nos larmes, tandis que nos yeux restent secs quand, au lieu dune patrie commune, nous n'apercevons que trente-quatre principautés. C'est peut-être là une faiblesse, mais vous nous la pardonnerez, car c'est à elle que vous devez une admirable partition, qui mérite bien, du reste, la peine de faire un voyage, et de visiter les lieux où Samiel avait sa résidence. Un voyage à Carlsbad vous en offrirait facilement l'occasion. Si vous pensez que cela n'en vaut pas la peine, si vous ne pouvez renoncer pour une seule soirée à vos habitudes et à tout ce qui fait le charme de la vie parisienne, alors vous ne comprendrez pas le Freischütz, et pourtant vous voulez le comprendre, vous voulez l'entendre et le voir tel qu'il est; c'est fort bien, et c'est toute justice, car vous en agissez de même avec le Fidèle Berger. Mais l'Académie royale de musique a ses exigences auxquelles notre pauvre Freischütz ne saurait satisfaire dans sa forme primitive. Il est écrit: Ici on dansera, et dans la pièce allemande il n'y a pas de ballet, il n'y a que des jeunes gens qui font valser leurs belles. De plus, il est écrit: Vous ne parlerez pas, et il y a un dialogue d'une naïveté excessive. Il faudra donc faire danser tout le monde et l'empêcher de parler! Il y aurait bien un moyen plus simple de se tirer d'embarras: ce serait de faire exception à la règle, en faveur de l'admirable partition. Mais ce moyen, vous ne l'emploierez pas, car vous n'êtes libres que là où vous voulez l'être, et malheureusement ici vous ne le voulez pas. Vous avez entendu parler de la Vallée aux Loups, et du diable, et aussitôt les machines de l'Opéra vous sont venues à l'esprit; le reste n'est rien. Il vous fallait un ballet et un récitatif, et vous avez choisi un de vos compositeurs les plus originaux pour vous en faire la musique. Cela vous fait honneur, cela prouve que vous savez apprécier dignement notre chef-d'œuvre. Parmi tous les compositeurs français de nos jours, je n'en connais pas qui comprit aussi bien la partition du Freischütz et qui fût aussi capable de la compléter, si toutefois cela était nécessaire. L'auteur de la Symphonie fantastique est un homme de génie; personne plus que moi ne reconnaît l'énergie irrésistible de sa verve poétique; il y a chez lui une conviction consciencieuse qui fait qu'il n'obéit jamais qu'à l'inspiration impérieuse de son talent; dans toutes ses symphonies se révèle une nécessité intérieure à laquelle l'auteur ne pouvait se soustraire. Mais c'est précisément à cause des éminentes qualités qui distinguent M. Berlioz que je lui soumets en toute confiance mes observations au sujet de ce travail.

La partition du Freischütz est un tout complet, coordonné dans toutes ses parties sous le double rapport de la pensée et de la forme; y ajouter, en retrancher quelque chose, si peu que cela puisse être, n'est-ce pas en quelque sorte dénaturer, mutiler l'œuvre du maître? S'agit-il ici d'approprier aux besoins de l'époque une partition qui remonte à l'enfance de l'art, de refaire un ouvrage que l'auteur primitif n'aurait pu développer suffisamment, faute de connaître les moyens techniques dont nous disposons aujourd'hui? Tout le monde sait qu'il ne peut être question de tout cela, et M. Berlioz repousserait avec une juste indignation toute proposition de cette nature. Non, il s'agit de mettre une œuvre originale, complète, en harmonie avec des exigences extérieures qui lui sont étrangères. Eh quoi! une partition consacrée par vingt ans de succès, en faveur de laquelle l'Académie royale de musique veut bien déroger à ses lois, si rigoureuses d'ailleurs, pour participer, elle aussi, à un des plus éclatants triomphes que jamais pièce ait obtenu à aucun théâtre, une telle partition ne pourrait faire céder certaines règles routinières? On ne pourrait exiger qu'elle y parût dans sa forme primitive, qui est une partie essentielle de son originalité? Voilà pourtant le sacrifice que l'on exige. Croyez-vous que je me trompe? Croyez-vous que les récitatifs et les ballets que vous ajouterez après coup n'altéreront en rien la physionomie de l'œuvre de Weber? Croyez-vous qu'en substituant à un dialogue naïf, rempli parfois d'une gaieté spirituelle, un récitatif qui dans la bouche des chanteurs devient toujours un peu traînant, vous n'effacerez pas ce caractère de cordialité franche et joyeuse que respirent les scènes entre les bons paysans de la Bohême? Les causeries des deux jeunes filles dans la maison du forestier ne perdront-elles pas nécessairement de leur fraîcheur, de leur vérité? Au reste, ces récitatifs, si heureusement inventés qu'ils puissent être, avec quelque art qu'on les mette en harmonie avec le ton général de l'ouvrage, n'en dérangeront pas moins la symétrie. Il est évident que le compositeur allemand a constamment eu égard au dialogue: les morceaux de chant ont peu d'étendue; ils seront constamment écrasés par les énormes récitatifs qu'il faudra ajouter, et qui en affaibliront le sens et par conséquent l'effet. Dans ce drame où le plus simple *Lied* a un sens si profond, vous ne trouverez pas ces bruyants morceaux d'ensemble, ces finales impétueux auxquels vos grands opéras vous ont habitués. Dans *la* Muette, *dans* les Huguenots, *dans* la Juive, *vu* les dimensions colossales de ces morceaux, il faut absolument que l'intervalle qui les sépare soit rempli par des récitatifs; le dialogue semblerait mesquin et niais, et aurait tout à fait l'air d'une parodie. Quelle bizarrerie en effet, si, dans *la Muette*, Masaniello, entre le grand duo et le finale du second acte, s'avisait tout à coup de parler; si, dans *les Huguenots*, après le colossal morceau d'ensemble du quatrième acte, Raoul et Valentine se préparaient au duo suivant par un dialogue, si dramatique qu'il puisse d'ailleurs être! Sans doute vous en seriez choqués, et avec raison. Or, ce qui est une nécessité esthétique pour les opéras de grande dimension, deviendrait, par une raison contraire, un fléau pour le *Freischütz* où les morceaux de chant sont beaucoup moins étendus. Toutes les fois que les situations données par le dialogue provoqueront naturellement l'effet dramatique, M. Berlioz, je le prévois, ne pourra s'empêcher de laisser jaillir les sources fécondes de son imagination; je prévois quelle expression de sombre énergie il saura donner à cette scène où Caspar cherche à enlacer son jeune ami dans ses séductions diaboliques, où il le presse de faire le premier essai des balles-franches, où il cherche à l'enrôler sous les bannières de l'enfer, où il lui adresse ces paroles empreintes d'une profonde méchanceté: *Lâche, ce n'est qu'aux dépens d'autrui que tu voudrais gagner le prix! Crois-tu peut-être que tu n'es pas déjà coupable? penses-tu que le coup que tu viens de tirer te sera remis?* Je suis sûr qu'à ce passage, de bruyants applaudissements récompenseront les magnifiques inspirations de M. Berlioz; mais j'ai aussi la certitude qu'après le récitatif, l'air de Caspar, qui suit, ne produira point l'effet qu'on devait en attendre. De cette façon vous aurez quelque chose d'entièrement nouveau, de merveilleux, si vous voulez; et nous qui connaissons *le Freischütz*, qui n'avons pas besoin de récitatif supplémentaire pour le comprendre, nous verrons avec plaisir les œuvres de Berlioz augmentées d'une création nouvelle; mais nous doutons que l'on vous ait fait comprendre *le Freischütz*. Vous jouirez d'une musique tour à tour gracieuse et terrible, qui flattera vos oreilles et vous donnera de profondes émotions; vous entendrez exécuter dans une admirable perfection des *Lieder* que jusqu'ici on vous avait assez médiocrement chantés; une belle déclamation dramatique pleine de grandes pensées vous guidera d'un morceau de chant à l'autre, et pourtant vous serez choqués de l'absence de beaucoup de choses auxquelles vous êtes habitués, et dont vous vous passerez difficilement.

L'appareil extérieur que l'on aura adapté à l'œuvre de Weber ne servira qu'à provoquer chez vous le besoin de sensations auxquelles répondent les ouvrages qui se produisent habituellement devant vous sous cette forme; et vous serez trompés dans votre attente, car cet ouvrage a été créé par son auteur dans des vues bien différentes, et nullement pour satisfaire aux exigences du public ordinaire de l'Académie royale de musique. Là où sur nos théâtres une bande de cinq musiciens prennent le cor et le violon en main, où l'on voit quelques vigoureux gaillards, solidement bâtis, faire tourner en rond de robustes beautés, à la porte d'une guinguette, vous verrez arriver tout à coup les notabilités dansantes du jour; vous verrez le beau danseur, qui paradait hier encore avec son superbe habit de satin couleur d'or, venir les recevoir dans ses bras l'une après l'autre; vainement les élégantes sylphides feront de leur mieux pour exécuter des pas bohémiens, vous regretterez toujours les pirouettes et les bouffantes. Toutefois, elles en feront assez pour vous transporter par le souvenir dans la sphère habituelle de vos jouissances; elles vous rappelleront les chefs-d'œuvre de vos grands maîtres, qui vous ont si souvent enivrés; vous désirerez tout au moins voir une pièce dans le genre de *Guillaume Tell*, où figurent également des chasseurs et des paysannes, et autres belles choses qui sont du ressort de la vie champêtre. Après ces danses, vous n'entendrez ni ne verrez rien de tout cela; dans tout cet acte, vous n'aurez que l'air: *À travers les bois, à travers les prairies*, une chanson à boire de vingt mesures, et au lieu d'un finale, vous aurez un air. Mais je me trompe, vous aurez le récitatif, qui vous fera entendre les plus puissants accords, où se révéleront un caractère, une vie musicale, comme on en aura rarement créé, j'en suis convaincu d'avance, car je sais jusqu'à quel point la verve de votre plus grand compositeur de musique instrumentale s'exaltera, pour n'ajouter que de belles et grandioses inspirations à l'œuvre du maître qu'il révère et qu'il admire; et c'est précisément pour cela que vous ne connaîtrez pas le *Freischütz*, et peut-être même ce que vous entendrez ne vous inspirera-t-il pas le désir de le voir tel qu'il est dans la naïveté de sa forme primitive.

Et s'il apparaissait réellement devant vous tel qu'il est dans toute sa simplicité, dans toute sa candeur; si au lieu de toutes ces danses compliquées, apprêtées, qui, sur votre grande scène, accompagnent le cortège de la fiancée, vous n'entendiez que la petite chanson que fredonnaient les philosophes de Berlin, ainsi que je l'ai dit plus haut; si au lieu de tous les magnifiques récitatifs qui vous frapperont de commotions profondes, vous n'aviez qu'à écouter le dialogue sans prétention que les écoliers savent par cœur en Allemagne, auriez-vous une intelligence plus complète du *Freischütz*? Vous sentiriez-vous disposés à vous laisser aller à cet enthousiasme rêveur qu'il a inspiré à quarante millions d'Allemands? Soulèverait-il chez vous les transports unanimes que *la Muette de Portici* a soulevés chez nous? Hélas! j'en doute. Et peut-être M. Pillet, lui aussi, a-t-il senti le doute passer sur son âme comme un sombre nuage, lorsqu'il chargea M. Berlioz de pourvoir *le Freischütz* de ballets et de récitatifs. C'est un grand bonheur que ce soit M. Berlioz qui ait été appelé à remplir cette tâche. Sans doute, nul compositeur allemand n'eût osé entreprendre une œuvre pareille par piété envers l'œuvre et l'artiste. Or, en France, il n'y avait que M. Berlioz dont le talent et la conscience artistique fussent à la hauteur d'un tel travail. Nous avons au moins la certitude que, jusqu'à la note la moins importante, tout sera respecté, qu'on ne retranchera rien, et qu'on n'ajoutera que ce qu'il faudra strictement ajouter pour satisfaire aux statuts de l'établissement, que vous paraissez bien décidés à ne pas vouloir enfreindre. Et c'est là ce qui m'inspire de sombres pressentiments au sujet de notre bien-aimé *Freischütz*. Ah! si vous pouviez, si vous vouliez voir et entendre le véritable *Freischütz* allemand, peut-être seriez-vous initiés à cette vie intime et méditative de l'âme qui est l'apanage de la nation allemande; vous vous familiariseriez avec les douces et candides émotions qui vous font tour à tour désirer la présence de la bien-aimée et la solitude des bois; peut-être comprendriez-vous cette horreur mystérieuse, ces sensations indéfinissables pour lesquelles votre langue n'a pas de nom, et que par de magnifiques décors, par des masques diaboliques, vous cherchez vainement à traduire. Dans tous les cas, cela vaut la peine d'aller à la représentation que donnera l'Académie royale de musique, et de chercher à se transporter par la pensée au milieu du monde merveilleux qui se révèle dans *le Freischütz*.

Une soirée heureuse

Fantaisie sur la musique pittoresque.

C'était par une belle soirée de printemps; de chaudes ondulations glissaient par intervalles dans les airs, et nous annonçaient l'été, comme de brûlants soupirs d'amour. Nous suivions la foule qui se dirigeait vers un jardin public hors barrière: un corps de musiciens ouvrait ce soir-là une série de concerts qu'ils donnent annuellement dans cette localité. C'était une véritable fête: mon ami R... semblait dans l'extase. Avant que le concert ne commençât, il était déjà tout enivré d'harmonie; il prétendait que c'était la musique intérieure qui d'avance vibrait et retentissait en lui. Nous nous établîmes sous un grand chêne: c'était notre place ordinaire; on y était isolé de la foule, et l'on y entendait très distinctement la musique. De tout temps nous avons pris en pitié les malheureux auditeurs qui s'obstinent à se placer le plus près possible de l'orchestre; nous ne pouvons nous expliquer le plaisir qu'ils semblent trouver à voir en quelque sorte la musique au lieu de l'entendre; à suivre avec une anxiété curieuse les moindres mouvements des exécutants; à guetter le moment où le timbalier, après avoir scrupuleusement compté les pauses, se dispose enfin à prendre sa part de la fête, et à faire gronder son instrument sous quelques coups vigoureux. Rien de plus prosaïque, rien qui désillusionne plus que les joues bouffies, les traits grotesquement contractés du trombone ou du cor, les mouvements saccadés des mains qui grimpent le long des chanterelles, des basses et des violoncelles, ou même l'éternel *va et vient*, de l'archet des violons. Voilà pourquoi nous avions choisi une place, où sans rien perdre des nuances les plus délicates du jeu des instruments, nous nous épargnions l'aspect de l'orchestre.

On nous donna de fort belles choses, entre autres la symphonie de Mozart en *mi* bémol et celle de Beethoven en *la*. Quant le concert fut fini, mon ami resta en face de moi, les bras croisés sur la poitrine, muet, la figure souriante. La foule s'écoulait à petit bruit; quelques personnes demeurèrent attablées çà et là dans les bosquets; l'air du soir se refroidissait aux premières bouffées du vent de la nuit.

— Si nous prenions un verre de punch? dit R... en se levant pour appeler le garçon.

Nous nous trouvions dans une de ces dispositions d'esprit qui sont trop précieuses pour ne pas chercher à les prolonger. Le punch ne pouvait que bien faire, et nous maintenir dans notre exaltation artistique. J'acceptai avec joie l'offre de R..., et bientôt après, un bol assez volumineux faisait jouer devant nous ses flammes bleuâtres.

— Que dis-tu de l'orchestre, demandai-je à R... après les premières rasades? Es-tu satisfait de la manière dont il a exécuté la symphonie?

— Eh! que parles-tu d'exécution, répondit-il! Il y a des moments où les ouvrages que j'affectionne, si mal qu'ils soient joués, ne m'en plongent pas moins dans le ravissement; et tu sais que j'ai l'ouïe très susceptible. Ces moments sont rares, à la vérité, et ils n'exercent leur doux empire sur moi, que quand mon âme est en parfaite harmonie avec ses organes matériels. Il suffit alors de la plus légère impulsion extérieure, pour que le morceau qui répond complètement à ce que j'éprouve en moi-même retentisse aussitôt dans mon cœur avec une perfection idéale, et telle que le meilleur orchestre du monde ne saurait y atteindre. Dans ces moments-là, mon ouïe, si difficile d'ailleurs, est assez souple pour que le *couac* d'un hautbois ne provoque tout au plus chez moi qu'un léger mouvement d'impatience; avec un indulgent sourire je laisse glisser sur mon oreille le son faux d'une trompette, sans que le sentiment de béatitude où je me trouve en souffre, et sans que je cesse pour cela de me faire accroire que j'assiste à une exécution irréprochable. Or, dans une telle disposition d'esprit, rien ne me révolte plus que de voir un fat à l'oreille dédaigneuse qui s'indigne contre ces petits accidents, et qui s'en ira demain admirer au théâtre les roulades discordantes de quelque cantatrice en renom, qui blessent tout à la fois les nerfs et l'âme. C'est que chez les connaisseurs au goût si subtil et si superbe, la musique n'est qu'une affaire d'oreilles, souvent même ils n'en jugent que par les yeux. Je me rappelle avoir vu de ces messieurs qui, après avoir laissé passer une note fausse sans froncer le sourcil, l'instant d'après se bouchaient les oreilles, quand ils voyaient l'artiste, troublé et confus, hocher la tête en signe de dépit.

— Eh quoi! objectai-je, tu t'emportes contre les gens à l'ouïe délicate; et tant de fois je t'ai vu irrité jusqu'à la fureur par l'intonation quelque peu douteuse d'une virtuose de théâtre?

— Aussi, s'écria R..., c'est d'aujourd'hui, du moment actuel que je parle. Dieu sait que la plus légère tache dans le jeu des plus célèbres violonistes est capable de me faire sortir des gonds; que je maudis parfois les meilleures cantatrices, si satisfaites qu'elles puissent être de leurs vocalises; qu'il m'arrive même de ne pas trouver le moindre accord entre les divers instruments de l'orchestre le mieux conduit. Je tombe dans ce rigorisme excessif les jours où mon bon génie me quitte, où je mets mon bel habit pour me mêler parmi les dames élégamment parées, et parmi les messieurs frisés et parfumés, dans l'espoir que le bonheur que j'ai perdu rentrera dans mon cœur par les oreilles. Il faut voir avec quelle anxiété scrupuleuse je pèse alors les jeux, et mesure les vibrations les plus fugitives. Quand la voix de mon cœur se tait, oh, alors! je suis tout aussi pointilleux que tous ces fats qui m'ont remué la bile aujourd'hui; et il y a des heures où une sonate de Beethoven pour violon ou violoncelle pourrait me mettre en fuite. Que béni soit le Dieu qui créa le printemps et la musique! Aujourd'hui je suis heureux, et je puis te dire que je le suis!

En parlant ainsi, il remplit de nouveau les verres, et nous les vidâmes jusqu'à la dernière goutte.

— Et moi aussi, lui dis-je, moi aussi je me sens heureux! Et comment ne le serait-on pas, lorsque, dans une parfaite tranquillité d'esprit, et avec un doux sentiment de bien-être, on vient d'entendre deux compositions qui paraissent avoir été inspirées par le Dieu de la joie noble et pure? Il me semble que ce fut une idée heureuse de rapprocher ainsi la symphonie de Mozart de celle de Beethoven; j'ai cru découvrir une merveilleuse parenté entre ces deux ouvrages; tous les deux peignent les transports qu'inspire à l'âme humaine la certitude d'avoir été créée pour le bonheur, transports que relève et sanctifie le pressentiment du monde immatériel. Toutefois, entre ces deux symphonies, il y a cette différence, à mon avis, que chez Mozart le langage du cœur s'exhale en doux et tendres désirs, tandis que dans l'œuvre de son rival le désir s'élance audacieusement vers l'infini. Dans la symphonie de Mozart, c'est la plénitude du sentiment qui prédomine; dans celle de Beethoven, c'est la conscience courageuse de la force.

— Que j'aime, reprit mon ami, que j'aime à t'entendre caractériser ainsi ces sublimes compositions instrumentales! Ce n'est pas que je croie que, dans ces aperçus rapides, tu en aies révélé le sens complet dans toute sa profondeur. On ne saurait le sonder, on saurait encore moins l'exprimer dans aucune langue humaine; tout comme la musique est impuissante à rendre d'une façon claire et précise ce qui est du ressort exclusif de la poésie. Il est vraiment malheureux que tant de gens veuillent à toute force se donner la peine inutile de confondre le langage musical avec celui de la poésie, et de vouloir compléter par l'un ce qui, d'après leurs vues étroites et bornées, resterait incomplet dans l'autre. C'est une vérité établie à tout jamais: là où le domaine du langage poétique cesse, commence celui de la musique. Rien ne me paraît plus insupportable que tous ces contes niais sur lesquels on prétend que ces compositions se fondent. Il faut qu'ils soient complètement dépourvus de sensibilité et d'intelligence artistique, ceux qui, pour suivre avec un intérêt soutenu l'exécution d'une symphonie de Beethoven, sont obligés de supposer que, dans les épanchements de son divin génie, l'auteur ait voulu développer quelque roman vulgaire, ce qui fait qu'ils sont tentés de lui chercher noise quand quelque coup imprévu vient déranger l'économie de leur historiette. Ils s'écrient alors avec dépit que le compositeur manque d'unité et de clarté, et qu'il n'y a pas d'harmonie dans les diverses parties de son œuvre!

— Il ne faut pas leur en vouloir, répliquai-je; laisse chacun, selon la portée de ses facultés imaginatives, combiner des contes plus ou moins insipides qui seuls les mettent à même de prendre goût à ces grandes révélations musicales. Combien n'y a-t-il pas de prétendus connaisseurs qui ne sauraient en jouir qu'à l'aide de ces suppositions? Après tout, tu conviendras que, de cette façon, le nombre des admirateurs de notre Beethoven a reçu un accroissement considérable. Il faut même espérer que, par ce moyen, les œuvres du grand compositeur finiront par arriver à une popularité que, certes, elles n'obtiendraient jamais, si tout le monde leur prêtait un sens purement idéal.

— Au nom du ciel, dit R... vivement, voudrais-tu revendiquer pour ces saintes productions de l'art cette popularité banale, fléau de tout ce qu'il y a de noble et de grand? Il ne manquerait plus que de réclamer pour elles l'honneur de faire danser les paysans au son des rythmes inspirateurs par lesquels elles se sont manifestées ici-bas!

— Tu vas trop loin, répondis-je avec calme; je ne demande pas pour les symphonies de Beethoven la gloire de la rue ni du cabaret de village; mais ne serait-ce pas pour ces œuvres un mérite de plus, si elles pouvaient parfois dilater le cœur étroit de l'homme du monde ordinaire?

— Je ne veux pas qu'elles aient un mérite quelconque, ces symphonies, répliqua R... avec un mouvement d'impatience; elles existent par elles-mêmes, pour elles-mêmes, et non pas pour mettre en joie les épiciers. Que celui qui en a la volonté et la force cherche à comprendre ces révélations, il aura bien mérité de lui-même et de son bonheur; mais elles ne sont nullement tenues de s'imposer aux intelligences bornées.

Je remplis les verres en riant.

— Toujours le même! toujours fantasque! Tu sais qu'au fond nous sommes d'accord, mais tu t'obstines à ne vouloir pas me comprendre. Laissons tout bonnement de côté la popularité des symphonies de Beethoven, et fais-moi le plaisir de me mettre dans la confidence des sensations que les deux symphonies t'ont fait éprouver tantôt.

Le léger nuage qui avait voilé le front de mon ami se dissipa bientôt. Les yeux fixés sur les vapeurs qui s'élevaient du bol placé entre nous deux, il se prit à sourire:

— Mes sensations? Que veux-tu que je t'en dise? Je respirais avec bonheur l'air tiède d'une soirée de printemps; il me semblait que j'étais assis sous un grand chêne, et qu'à travers les voûtes de verdure je voyais briller le ciel étoilé; et puis j'éprouvais encore mille autres choses que je ne saurais exprimer; et voilà tout.

— Pas mal; sans doute pendant ce temps-là il semblait à tel de nos voisins qu'il fumait un cigare en prenant sa demi-tasse, et qu'il échangeait des œillades avec une jeune dame en robe bleue.

— Assurément, reprit R... d'un air sarcastique. Et le timbalier donc! celui-là, j'en suis sûr, se figurait qu'il battait ses enfants mal appris qui tardaient à lui apporter son souper. C'est parfait! À l'entrée du jardin, j'ai entrevu un paysan qui écoutait avec admiration et bonheur la symphonie en *la*. Je gage ma tête que c'est lui qui en aura eu l'intelligence la plus complète. Tu sais, sans doute, que naguère une de nos gazettes musicales disait que Beethoven, en écrivant cette symphonie, ne se proposait autre chose que de peindre une noce de village; et le brave campagnard se sera de suite rappelé le jour de ses noces et les divers actes de cette grande journée, tels que: l'arrivée des invités, le repas, la bénédiction à l'église, les danses, et enfin les mystères de la chambre nuptiale.

— L'idée est assez plaisante, m'écriai-je en riant. Mais pourquoi, au nom du ciel, ne veux-tu pas que cette symphonie procure au bon paysan un instant de bonheur à sa façon? N'a-t-il pas, toute proportion gardée, ressenti le même ravissement au fond du cœur que toi avec ton grand chêne et ton ciel étoile scintillant dans la feuillée?

— Allons, je me rends, dit R... avec bonhomie; c'est de tout cœur que je permets à *l'homme des champs* de se rappeler le jour de ses noces en écoutant la symphonie en *ré* mais quant aux gens instruits de nos villes qui écrivent dans les gazettes musicales, je serais tenté de leur casser la tête pour leur apprendre à faire circuler de pareilles niaiseries parmi les honnêtes gens, et à leur ravir ainsi d'avance l'indépendance d'esprit avec laquelle ils auraient écouté l'œuvre de Beethoven. Au lieu de s'abandonner à la naïveté spontanée de leurs propres impressions, ces braves gens, indignement abusés, au cœur plein et à la tête un peu faible, s'obstineront à chercher la noce de village dont on leur a parlé, solennité à laquelle, par parenthèse, ils n'ont jamais assisté, et à la place de laquelle ils se seraient peut-être figuré toute autre chose, en restant dans la sphère habituelle de leur imagination.

— Tu m'accordes donc, repris-je, que ces symphonies, par leur essence, n'excluent pas la possibilité d'interprétations diverses?

— Au contraire, je suis persuadé qu'une explication stéréotypée n'est pas admissible. Si arrêtées et si précises que soient les proportions d'une symphonie de Beethoven, si complètes qu'elles soient comme édifice musical, ce n'en serait pas moins à tort que les impressions que ces compositions font sur le cœur de l'homme seraient ramenées exclusivement à une seule. La même chose a lieu plus ou moins dans tout autre art. Ainsi, un tableau, un drame agissent très diversement sur les diverses individualités, et même sur le cœur d'une même personne, à des époques différentes, et pourtant le peintre et le poète sont assujettis à une précision bien autrement rigoureuse que le compositeur de musique instrumentale, que rien n'oblige à modeler ses œuvres sur les apparitions de la vie ordinaire; l'immense domaine de l'infini s'ouvre à son génie, et il donne la vie à ses conceptions à l'aide du son, l'élément le plus spiritualisé dont un art puisse disposer. Or, c'est rabaisser le musicien que de vouloir le forcer à mesurer son enthousiasme sur ce monde vulgaire qui l'entoure, et il renierait sa mission, le compositeur qui s'aviserait de transporter dans son art les proportions étroites des objets matériels.

— Ainsi, tu rejettes toute peinture à l'aide des sons? lui demandai-je.

— Toutes les fois qu'elle n'est pas employée dans des intentions de plaisanterie et qu'elle ne rend point des apparitions purement musicales. Dès qu'il s'agit de plaisanter, tout est permis en musique; une certaine étroitesse est dans l'essence intime du comique, et rire et faire rire est une belle et excellente chose. Dès que la peinture par les sons sort de là, elle devient absurde. Les motifs d'inspiration musicale doivent être de telle nature qu'ils n'aient pu prendre naissance que dans l'âme d'un musicien.

— Voilà un principe que tu aurais bien de la peine à établir. Au fond, je partage ton opinion; toutefois je doute qu'elle puisse se concilier partout avec la commune et entière admiration que nous inspirent les œuvres du grand maître. Ne sens-tu pas que ton opinion se trouve, à certains égards, en contradiction directe avec les révélations de Beethoven?

— Pas le moins du monde, et j'espère bien tirer mes preuves des œuvres mêmes du maître.

— Avant d'entrer dans les détails, dis-moi, ne trouves-tu pas que le caractère de la musique instrumentale de Mozart justifierait beaucoup mieux ton assertion que celui de Beethoven?

— Pas que je sache. Beethoven a singulièrement agrandi la forme de la symphonie; il a quitté les proportions de l'ancienne période musicale, que Mozart avait élevée au plus haut degré de beauté; il s'en est affranchi pour suivre l'essor de son génie dans des régions que lui seul pouvait atteindre; il s'est frayé sa route avec une liberté audacieuse et toujours calme et réfléchie à laquelle il a su donner une conséquence philosophique; de cette façon, tout en prenant la forme de la symphonie de Mozart pour base, il a créé un nouveau genre, dans lequel il atteignit en même temps les dernières limites de la perfection. Mais tout cela, Beethoven n'aurait pu l'entreprendre, si Mozart, avant lui, n'eût soumis la symphonie à l'action de son génie victorieux, si le souffle divin de son inspiration n'eût communiqué la vie et l'esprit à ces formes, à ces proportions inanimées, qui seules avaient prévalu jusqu'à l'époque de son avènement. Tel fut le point de départ de Beethoven, et le compositeur qui aspira pour ainsi dire l'âme divine de Mozart ne put jamais tomber de la haute sphère où séjourne la véritable musique.

— Tu as raison: toutefois tu conviendras que les épanchements du génie de Mozart ne jaillissent jamais que de sources purement musicales; que chez lui l'inspiration se rattache constamment à un sentiment vague, et qu'il n'eût jamais pu rendre autrement que par des sons, quand même il aurait eu le don de la poésie. Je parle ici de l'inspiration qui naît dans l'âme du compositeur en même temps que la mélodie, que la formation musicale. La musique de Mozart porte l'empreinte caractéristique de cette spontanéité, et l'on ne saurait admettre qu'il ait formé d'avance le plan d'une symphonie, dont tous les thèmes et même l'expression musicale, telle qu'elle nous a été transmise, ne se fussent trouvés tout achevés dans sa tête. Au contraire, je ne puis me persuader que Beethoven n'ait pas toujours rattaché le plan d'une symphonie à quelque idée philosophique, et ne l'ait combiné en conséquence avant d'inventer les divers thèmes.

— Et dans quelle œuvre trouverais-tu les preuves de ce que tu avances, répliqua-t-il avec vivacité? Est-ce peut-être dans la symphonie de ce soir.

— Ce serait assez difficile; mais il me suffira de te nommer la symphonie héroïque. Tu sais qu'elle devait d'abord s'intituler Bonaparte. Pourrais-tu me contester qu'une idée étrangère au domaine de la musique ait inspiré Beethoven et lui ait suggéré le plan de cette œuvre gigantesque?

— Je suis enchanté que tu aies cité cette symphonie. Penses-tu que l'idée de l'héroïsme, qui, dans son audace impétueuse, s'élance au faite des grandeurs, soit en dehors de la région de l'art musical? ou trouves-tu que, dans son enthousiasme pour le jeune dieu de la victoire, Beethoven l'ait chanté assez mesquinement pour qu'il puisse te venir à la pensée qu'il ait voulu mettre en musique les bulletins de la première campagne d'Italie?

— Où veux-tu en venir? Je n'ai rien dit de pareil.

— Tu ne l'as pas dit explicitement, mais c'est le fond de ta pensée, poursuivit R... qui se passionnait de plus en plus. Pour admettre que Beethoven ait combiné le plan d'une symphonie en l'honneur de Bonaparte, il faudrait admettre qu'il n'eût pas été de force à créer autre chose qu'une de ces œuvres de commande qui, dès leur naissance, portent l'empreinte de la mort[21]. Mais il s'en faut du tout au tout pour que la *Sinfonia eroïca* confirme une telle assertion. Au contraire, si c'eût été là le problème que l'artiste se fût imposé, il l'aurait bien mal résolu. Dis-moi, je te prie, où, quand, dans quel passage de cette composition trouves-tu le moindre trait qui puisse se rattacher, même de loin, au but supposé du compositeur de peindre tel ou tel moment de la carrière glorieuse du jeune capitaine? Pourquoi la marche funèbre; le scherzo avec les cors de chasse; le finale avec cet adagio si doux, si plein de sensibilité et de mélancolie? Où est le pont de Lodi? Où sont la bataille d'Arcole, la marche sur Léoben, la victoire près des Pyramides, le 18 brumaire? Quel compositeur eût passé sous silence de pareils moments, dès qu'il se serait proposé d'écrire une symphonie biographique de Bonaparte? Mais, en vérité, Beethoven avait un but bien différent. Je vais te communiquer mes idées à cet égard. La plus petite composition musicale nait toujours dans l'esprit de l'auteur sous l'influence de quelque émotion, qui, à l'heure créatrice, s'empare de tout son être. Que l'inspiration soit déterminée par quelque impulsion extérieure, ou qu'elle jaillisse d'une source intime et mystérieuse; qu'elle se manifeste sous la forme de mélancolie, de joie, de désir, de sensation de bien-être, d'amour ou de haine, elle provoquera constamment chez le compositeur quelque formation musicale, et se résoudra d'elle-même en sons, avant même que ces sons n'aient été arrêtés par la volonté de l'artiste. Que l'émotion soit énergique, passionnée, continue; qu'elle détermine pendant des mois, des années la direction de nos sentiments et de nos idées, elle amènera la naissance d'œuvres plus larges, à dimensions plus vastes, telles, par exemple, que la *Sinfonia eroïca*. De pareilles dispositions d'âme, qu'elles se manifestent comme souffrances intérieures, ou avec le caractère de la force et du courage, prennent toujours leur source dans quelque événement extérieur, car nous sommes hommes, et notre destinée est régie par tout ce qui nous entoure. Mais ces émotions, au moment où elles forcent le compositeur à produire, se trouvent déjà converties en musique, en sorte qu'aux heures de création, ce n'est pas l'événement extérieur en lui-

---

[21] Il y a huit ans, à l'époque où cette conversation eut lieu, mon ami R... ne pouvait connaître la symphonie de Berlioz pour la translation des victimes de Juillet.

même, mais bien le sentiment qu'il a éveillé, qui provoque la naissance de l'œuvre musicale. Or, quelle apparition plus digne d'enflammer et de nourrir l'enthousiasme sympathique du génie ardent de Beethoven, que celle du demi-dieu qui brisait un monde pour en reconstruire un nouveau de sa main? Qu'on se figure quelle devait être l'émotion du musicien qui, lui-même, était un héros à sa manière, quand il suivait d'exploit en exploit, de victoire en victoire, l'homme prodigieux dont tout le monde, ami ou ennemi, parlait avec la même admiration! À cela il faut ajouter que Beethoven était républicain; qu'il rêvait un état social où tous les hommes jouiraient à jamais dune félicité égale, et que c'était de Bonaparte qu'il attendait la réalisation de ses rêves. Comme le sang devait bouillonner dans ses veines! Quelles flammes devait jeter son noble cœur, quand, de quelque côté qu'il se retournât pour consulter sa muse, il entendait toujours retentir ce nom glorieux! Oh! alors, sans doute, lui aussi devait se sentir pressé de prendre un essor extraordinaire; lui aussi, il avait la puissance et l'énergie qui fait le héros, et il voulait s'illustrer par quelque grand exploit. Il ne commandait pas d'armée, mais, dans la région de l'art, il voyait s'ouvrir devant lui un domaine où il pouvait accomplir de grandes choses, comme Bonaparte en avait accompli dans les plaines de l'Italie. Ce fut dans cet état de surexcitation musicale que Beethoven conçut une œuvre comme jamais.

Halévy et « la Reine de Chypre »

Pour faire un bon opéra, il ne faut pas seulement un bon poète et un bon compositeur, il faut encore qu'il y ait accord sympathique entre le talent de l'un et de l'autre. Si tous les deux étaient également enthousiasmés pour la même idée, cela n'en vaudrait que mieux; mais pour avoir une œuvre parfaite, il faudrait que cette idée vînt en même temps au musicien et à l'écrivain. Ceci est un cas presque inouï, nous le savons: toutefois il ne serait pas impossible que notre hypothèse se réalisât. Qu'on se figure, par exemple, que le poète et le compositeur sont amis d'enfance; qu'ils se trouvent à cette époque de la vie où l'ardeur généreuse, divine, avec laquelle les grandes âmes aspirent à s'emparer de toutes les souffrances et de toutes les joies des êtres créés, ne s'est point encore refroidie en eux, au souffle corrupteur de notre civilisation; qu'on les suppose, au bord de la mer, plongeant d'un regard avide dans l'immensité des flots, ou debout devant une cité en ruines, se reportant par la pensée dans les profondeurs ténébreuses du passé. Tout à coup qu'une tradition merveilleuse évoque devant eux des figures vagues, indécises, mais belles et enchanteresses: des mélodies ravissantes, des inspirations toutes nouvelles assiègent leur âme comme des rêves et comme de poétiques pressentiments: puis un nom est prononcé, un nom enfanté par la tradition ou l'histoire, et avec ce nom leur est venu un drame tout fait! C'est le poète qui l'a prononcé; car à lui appartient la faculté d'énoncer clairement et de dessiner en traits distincts ce qui se révèle à sa pensée. Mais quant à ce qui est de répandre le charme de *l'ineffable* sur la conception poétique, de concilier la réalité avec l'idéal, cette tâche est réservée au musicien. L'œuvre que les deux talents élaboreront ensuite dans les heures de réflexion calme pourrait être appelée, à juste titre, un opéra parfait.

Par malheur, cette manière de produire est tout idéale, ou du moins il faut supposer que les résultats n'en parviennent pas à la connaissance du public; dans tous les cas elle n'a rien de commun avec l'industrie artistique. C'est cette dernière qui, de nos jours, sert de médiatrice entre le poète et le compositeur, et peut-être devons-nous lui en savoir gré; car sans cette merveilleuse institution des droits d'auteurs, il en serait probablement en France comme il en est en Allemagne, où poètes et musiciens s'obstinent à rester isolés les uns des autres; tandis que les susdits droits d'auteurs, qui sont vraiment une fort belle chose, ont amené plus d'une heureuse et fructueuse alliance de talents. Ce sont ces droits qui, si je ne me trompe, ont provoqué subitement chez M. Scribe, en dépit de sa nature, le goût des inspirations musicales, et qui l'ont décidé à écrire des livrets, qui serviront longtemps encore de modèles. Mais ce sont ces mêmes droits qui ont engagé aussi plus d'un poète célèbre à écrire des textes d'opéra, vaille que vaille, et les directeurs de nos établissements artistiques n'osent guère se montrer difficiles quand il s'agit des productions d'un auteur fameux, de sorte que les compositeurs sont obligés de se contenter de ce qu'on veut bien leur offrir; et, en définitive, il ne résulte de cette association forcée que des productions médiocres paraissant sous l'auspice d'un nom illustre. Cela s'explique facilement: il est tout naturel que des œuvres conçues sans enthousiasme, élaborées dans un esprit d'aveugle routine, ne puissent enthousiasmer le public. Ce qui nous surprend, et ce que nous devons regarder comme une véritable bonne fortune pour l'art, c'est que de temps à autre cette manière de procéder enfante des créations qui ravissent le parterre et qui, de plus, soutiennent l'examen d'une critique rigoureuse. Que l'on admette que le compositeur reste toujours le même, que sa force productive ne vienne jamais à faiblir, il n'en est pas moins vrai que le soin de conserver sa réputation de grand artiste ne saurait suffire seul pour exciter chez lui cette exaltation merveilleuse qui donne l'essor au talent; il faut pour cela cette étincelle divine qui tombe toute brûlante dans l'âme de l'artiste, l'embrase d'une flamme bienfaisante qui circule dans ses veines comme un vin généreux et mouille ses yeux des larmes de l'inspiration, qui lui dérobe la vue de tout ce qui est commun et vulgaire, pour ne plus lui laisser apercevoir que l'idéal dans toute sa pureté. Mais l'ambition seule, si énergique qu'elle puisse être, n'engendrera point cette divine étincelle, et il est vraiment à plaindre, le pauvre artiste qui, après de nombreux triomphes, après avoir manifesté sa puissance créatrice, se voit réduit, au milieu de quelque aride intrigue de coulisse, à courir tout haletant après l'inspiration, comme le voyageur dans le désert court après une source d'eau vive. Quelque envie qu'on puisse porter à ces bienheureux musiciens qui, comblés d'honneurs et tout rayonnants de gloire, ont seuls, parmi des milliers de compositeurs, le droit de parler par les plus brillants organes au premier public du monde, ô vous qui aspirez à une gloire pareille, ne briguez point l'honneur d'être à leur place, si vous les voyez, par une fraîche et belle matinée, se livrer d'un air piteux et désolé à la fabrication de quelque duo, dont le sujet sera le vol d'une montre, ou une tasse de thé qu'on offre!

Ne soyez donc pas jaloux de ces messieurs, si parfois il plaît à Dieu de susciter un vrai poète et de lui jeter au cœur l'étincelle qui enflammera le musicien à son tour. Sans arrière-pensée de haine ni d'envie, félicitez Halévy de ce que son bon génie lui a procuré des livrets comme ceux de *la Juive* et de *la Reine de Chypre*, car, après tout, cette faveur n'est tout rigoureusement que justice.

En effet, Halévy a été deux fois complètement heureux, et ce qu'il faut admirer, c'est la manière dont il a profité de cette double faveur pour créer deux monuments qui marqueront dans l'histoire de l'art musical.

Certes, le talent d'Halévy ne manque ni de fraîcheur ni de grâce; toutefois, par son caractère prédominant de gravité passionnée, il était destiné à se développer dans toute sa force et dans toute son étendue sur notre grande scène lyrique. Une chose digne de remarque, c'est que c'est en ceci que le talent d'Halévy se distingue essentiellement de celui d'Auber et de la plupart des compositeurs français, dont la véritable patrie est décidément l'opéra-comique. Cette institution nationale, où les diverses modifications, les changements si curieux du caractère et du goût français se sont manifestés avec le plus de clarté et de la manière la plus populaire, a été de tout temps le domaine exclusif des compositeurs français; c'est là qu'Auber a pu révéler le plus sûrement et le plus facilement toute la fécondité, toute la flexibilité de son talent. Sa musique, tout à la fois élégante et populaire, facile et précise, gracieuse et hardie, se laissant aller avec un sans-façon merveilleux à son caprice, avait toutes les qualités nécessaires pour s'emparer du goût du public et le dominer. Il s'empara de la chanson avec une vivacité spirituelle, en multiplia les rythmes à l'infini, et sut donner aux morceaux d'ensemble un entrain, une fraîcheur caractéristiques à peu près inconnus avant lui. L'opéra-comique est décidément le véritable domaine du talent d'Auber; lorsqu'il se hasarda sur notre grande scène lyrique, il ne fit qu'agrandir le terrain sans le quitter. Après avoir développé et exercé ses forces à l'Opéra-Comique, il livra enfin une grande bataille, dont il affronta les hasards avec autant de bravoure et d'énergie que les joyeux élégants de Paris en déployèrent aux fameuses journées de Juillet. Le prix de la victoire ne fut pas moindre que le succès colossal de *la Muette*.

Il en est tout autrement d'Halévy. Sa constitution vigoureuse, l'énergie concentrée qui caractérise sa nature, lui assuraient tout d'abord une place sur notre premier théâtre lyrique. Selon l'usage, il débuta à l'Opéra-Comique; toutefois, c'est au Grand-Opéra seulement qu'il révéla tout ce que son talent avait de profondeur et d'étendue. Quoique dans les compositions d'un ordre inférieur il ait parfaitement réussi à détendre les ressorts de son énergie naturelle, à lui communiquer ces allures d'élégance gracieuse qui réjouit et flatte les sens, sans nous donner des jouissances bien profondes, sans émouvoir bien fortement notre sensibilité, je n'hésite pas à proclamer que ce qui caractérise essentiellement l'inspiration d'Halévy, c'est avant tout le pathétique de la haute tragédie lyrique.

Rien n'était mieux assorti au genre de son talent que le sujet de *la Juive*. On dirait que l'artiste a trouvé, sur son chemin, par une espèce de fatalité, ce livret qui devait provoquer chez lui l'emploi de toutes ses forces. C'est dans *la Juive* que la véritable vocation d'Halévy se manifesta d'une manière irréfragable, et par les preuves les plus frappantes et les plus multipliées: *cette vocation, c'est d'écrire de la musique telle qu'elle jaillit des plus intimes et des plus puissantes profondeurs de la nature humaine.*

Il est effrayant, et cela vous donne le vertige, de sonder du regard les terribles profondeurs que renferme le cœur de l'homme. Quant au poète, il lui est impossible de rendre par la parole tout ce qui se passe au fond de cette source intarissable, qui s'agite tour à tour au souffle de Dieu et du démon; il vous parlera de haine, d'amour, de fanatisme, de délire; il pourra vous mettre sous les yeux les actes extérieurs qui s'engendrent à la surface de ces profondeurs; mais il ne pourra vous y faire descendre, les dévoiler à vos regards. C'est à la musique seule qu'il est réservé de révéler les éléments primitifs de cette merveilleuse nature, c'est dans son charme mystérieux que se manifeste à notre âme ce grand et ineffable mystère. Et le musicien qui exerce son art dans ce sens peut seul se vanter d'en posséder toutes les ressources. Parmi les maîtres les plus brillants et les plus vantés que cite l'histoire de l'art musical, il en est tort peu qui, sous ce rapport, seraient fondés à revendiquer la dignité de musicien. Parmi les compositeurs dont les noms circulent de bouche en bouche, combien n'en est-il pas qui ignoraient et qui ignoreront toujours que sous ces dehors séduisants, si splendides, que seuls il leur était donné d'apercevoir, se cachait une profondeur, une richesse immense comme la création? Or, au petit nombre de véritables musiciens, dans ce sens, il faut placer Halévy.

Ainsi que nous l'avons dit, c'est dans *la Juive* qu'Halévy a révélé sa vocation pour la tragédie lyrique, lui essayant de caractériser sa musique, il importait de signaler d'abord les profondeurs: c'est son point de départ, c'est de là qu'il envisage l'art musical. Je ne parle point de cette passion sensible, passagère, échauffant le sang pour s'éteindre aussitôt: je parle de cette faculté de s'émouvoir, puissante, intime et profonde, vivifiant et bouleversant le monde moral de tout temps. C'est elle qui constitue l'élément magique dans cette partition de *la Juive*; c'est la source d'où jaillit à la fois le fanatisme d'Eléazar, cette rage si farouche et si sombre, et qui de temps à autre jette pourtant des flammes si éblouissantes y et l'amour douloureux où se consume le cœur de Rachel. Enfin c'est ce principe qui donne la vie à chacune des figures qui apparaissent dans ce drame terrible, et c'est ainsi qu'au milieu des plus violents contrastes, l'auteur a su conserver l'unité esthétique, et qu'il a évité tout effet trop heurté et qui pût choquer.

La musique *extérieure* de *la Juive*, si je peux m'exprimer ainsi, est tout à fait en harmonie avec la conception primitive et intime: le commun, le trivial en sont proscrits. Quoique tout soit calculé au point de vue de l'ensemble de l'ouvrage, l'auteur ne s'en attache pas moins à travailler, à façonner jusqu'aux plus petits détails avec une sollicitude infatigable. Les diverses parties de la distribution scénique se tiennent et s'enchaînent, et en cela Halévy se distingue sensiblement et d'une manière avantageuse de la plupart des faiseurs d'opéra de notre époque, dont quelques-uns ne croient pouvoir se donner assez de mal pour séparer, isoler chaque scène, que dis-je? chaque phrase de ce qui précède et de ce qui suit, sans doute dans le but peu honorable de signaler à l'attention du public les passages où il peut, sans inconvénient, manifester sa satisfaction par des applaudissements; tandis qu'Halévy a toujours la conscience de sa dignité de compositeur dramatique. De plus, la fécondité de son talent s'annonce par une grande variété de rythmes dramatiques, qui se font remarquer surtout dans l'accompagnement de l'orchestre, dont le mouvement est toujours caractéristique. Mais ce qui nous semble surtout digne d'admiration, c'est qu'Halévy a réussi à imprimer à sa partition le sceau de l'époque où l'action se passe. Pour résoudre ce problème, il ne s'agissait pas de consulter quelques notices d'antiquaire et d'en tirer des indications archéologiques sur des particularités grossières relatives aux mœurs du temps, et qui n'offraient aucun intérêt artistique; il fallait donner à la musique le parfum de l'époque et reproduire les hommes du moyen-âge dans leur individualité: or c'est en cela que l'auteur de *la Juive* a parfaitement réussi. Sans doute on ne saurait signaler tel ou tel passage qui dénote plus particulièrement cette intention dans l'auteur, et en ceci il s'est montré véritablement artiste: mais j'avoue pour mon compte que jamais je n'ai entendu de musique dramatique qui m'ait reporté si complètement à une époque quelconque de l'histoire. Comment Halévy est-il parvenu à obtenir cet effet? c'est un mystère dont il faut chercher le dernier mot dans sa manière de produire. On pourrait ranger Halévy dans ce qu'on appelle l'école historique, si dans ses éléments constitutifs la manière de ce compositeur ne coïncidait avec l'école romantique; car dès que nous sommes enlevés à nous-mêmes, à nos sensations et à nos impressions journalières, et que, de la sphère habituelle où s'écoule notre existence, nous sommes transportés dans une région inconnue, tout en conservant la pleine et entière conscience de nos facultés, dès ce moment nous sommes sous le charme de ce que l'on appelle poésie romantique.

Nous voilà arrivés au point où la voie dans laquelle marche Halévy s'éloigne entièrement de la route qu'a suivie Auber. Les compositions de ce dernier portent l'empreinte nationale, au point d'en devenir monotones. On ne saurait contester que le caractère essentiellement français de sa musique ne lui ait assuré en peu de temps une position décidée, indépendante dans le domaine de l'opéra-comique; d'un autre côté, il est évident que cette individualité nationale, si énergiquement prononcée, ne lui a pas permis, quand il s'est agi de concevoir et d'écrire des tragédies lyriques, de s'élever au point de vue où tout intérêt de nationalité s'efface, et où l'on ne sympathise plus qu'avec les intérêts purement humains. Il est bien entendu que je ne parle ici de nationalité que dans le sens le plus restreint. Se conformer, s'identifier aux habitudes, aux allures nationales, c'est la seule condition par laquelle le poète et le compositeur, dans le genre comique, agiront sur les masses d'une manière sûre et puissante. Le poète emploiera les adages, les maximes et jeux de mots, etc., qui ont cours parmi la nation pour laquelle il écrit; le compositeur s'emparera des rythmes et des tours de mélodie, qui se rencontrent dans les airs populaires, ou bien il inventera des tours et des rythmes nouveaux, en harmonie avec le goût et le caractère national. Plus la nationalité de ces airs sera marquée, plus ces airs seront en faveur, et personne n'a mieux réussi dans ce genre qu'Auber. C'est là précisément ce qui a entravé le talent du compositeur dans la tragédie lyrique; et bien que dans *la Muette* il ait poursuivi et fait valoir cette direction exclusive avec un talent supérieur, c'est là cependant ce qui est cause que ce maître sans égal dans son genre a beaucoup moins réussi dans ses autres grands-opéras.

J'entends parler ici du caractère dramatique de la mélodie. Hors les cas où il s'agit avant tout de faire ressortir certaines individualités nationales, la mélodie doit avoir un caractère indépendant, général; car c'est alors seulement qu'il est possible au musicien de donner à ses tableaux un coloris dont il puise les éléments ailleurs que dans son époque et dans le monde où il vit; quand la mélodie exprime des sentiments purement humains, il ne faut pas qu'elle porte les traces de l'origine française, italienne, etc. Ces nuances nationales, fortement accusées, compromettent la vérité dramatique de la mélodie, et la détruisent quelquefois entièrement. Un autre inconvénient qui en résulte, c'est le manque de variété. Et avec quelque esprit, quelque habileté que ces nuances soient motivées, les traits essentiels finissent toujours par se reproduire à chaque instant; la facilité avec laquelle on les reconnaît lui concilie la faveur populaire, mais elle efface l'illusion dramatique.

En général on reconnaît dans la manière d'Auber un penchant très marqué à arrêter la construction rythmique des périodes; on ne saurait nier que par là sa musique ne gagne beaucoup en clarté, ce qui est une des qualités essentielles de la musique dramatique, laquelle doit agir instantanément. En cela personne n'a été plus heureux qu'Auber, qui a réussi plus d'une fois à coordonner les situations les plus compliquées et les plus passionnées de manière à les faire comprendre au premier coup-d'œil. À cet égard, je me bornerai à citer *Lestocq*, une de ses productions les plus spirituelles et les plus solides. Dans cet opéra, la coupe musicale des morceaux d'ensemble nous rappelle involontairement *les Noces de Figaro*, de Mozart, surtout en ce qui concerne le fini du tissu mélodique.

Ces contours si arrêtés du rythme, cet équilibre, cette *carrure* de la mélodie, du moment qu'ils ne sont point en harmonie avec la situation dramatique, finissent par fatiguer; si l'on joint à cela que cette brillante monotonie dans le dessin de la mélodie ne répond pas à l'expression générale du sentiment tragique, il arrive que ces splendides et luisantes mélodies ont quelquefois l'air d'être superposées, comme une cage en cristal, sur les situations musicales, qui se trouvent en quelque sorte comme encadrées. Ce procédé est d'un grand secours au compositeur toutes les fois qu'il écrit de la musique de ballet. La perfection merveilleuse avec laquelle il traite ce genre fera comprendre clairement ce que j'entends par la carrure du rythme et de la mélodie qu'affectionne Auber. Cette coupe obligée des airs de danse, avec ses périodes de huit mesures qui reviennent toujours périodiquement, avec leurs cadences sur la dominante ou sur le ton mineur relatif, cette coupe d'air de danse, dis-je, est devenue pour Auber comme une seconde nature; c'est ce qui l'empêche décidément de donner à ses conceptions le caractère général, indispensable au compositeur qui écrit des airs tragiques, c'est-à-dire qui exprime par des sons les sentiments du cœur humain, sentiments toujours les mêmes et pourtant d'une si prodigieuse variété.

Après être entré dans de si longs détails au sujet d'Auber et de sa manière, il me sera d'autant plus facile de faire remarquer en peu de mots la différence qui existe entre ce compositeur et l'auteur de *la Juive* et de *la Reine de Chypre*. Rompant brusquement avec le système d'Auber, Halévy s'est hardiment élancé hors de l'ornière des rythmes et des tours conventionnels, pour entrer dans la carrière de la création libre, illimitée, ne reconnaissant d'autre loi que celle de la vérité; et vraiment il fallait que le musicien eût une confiance bien résolue en sa propre force et dans les ressources de son talent, pour déserter ainsi volontairement le sentier tout frayé où il s'était engagé et qui devait le conduire plus vite et plus sûrement à la popularité: il lui fallait un grand courage et un espoir inébranlable en la puissance de la vérité; et pour réussir dans cette tentative aventureuse, il fallait toute l'énergie concentrée du talent d'Halévy. Cette résolution menée à bonne fin avec tant de bonheur, prouve de nouveau l'inépuisable variété de la musique, et formera un chapitre important dans l'histoire de l'art. Toutefois cette preuve n'eût point été aussi décisive, et en général Halévy n'aurait pu accomplir sa tâche avec un tel succès, si l'expérience n'eût mûri son talent, et s'il n'eût procédé, dans la composition de son ouvrage, avec une perspicacité calme et réfléchie. Si Halévy s'était avisé de rejeter toutes les formes constantes comme insipides ou insuffisantes; si, poussé par une partialité passionnée, il s'était obstiné à créer un système absolument neuf, et à vouloir l'imposer au public avec une hauteur impérative d'inventeur, il est certain qu'avec tout son talent, si grand qu'il puisse être, il se fût égaré dans ces inventions, et que son talent lui-même fût devenu inexcusable au public et eût perdu sa valeur dramatique. Et d'ailleurs Halévy avait-il besoin d'y recourir ? N'y avait-il pas devant lui et près de lui des choses belles, grandes et vraies, pour que son regard intelligent et sur pût démêler facilement la route qu'il devait suivre ? Cette route, il l'a trouvée, et aussi il n'a jamais perdu ce sentiment du beau dans les formes, sentiment qui est par lui-même un des caractères essentiels du talent. Sans cela, sans ce soin de travailler et de fixer les détails, comment, en peignant des sentiments si profonds, des passions si fougueuses et si terribles, aurait-il pu éviter d'imprimer au cœur et à la tête de l'auditeur des secousses violentes ? Or, voici ce que c'est: la vérité ne se fait pas moins de tort en se cachant sous des dehors séduisants et conventionnels, qu'en s'imposant hautainement et avec un sentiment exagéré de sa valeur trop souvent méconnue.

Pour me résumer au sujet du changement de direction qu'on remarque dans le talent d'Halévy, à partir de *la Juive*, je dirai que ce compositeur a renoncé au style stéréotypé de l'opéra français moderne, sans dédaigner toutefois les qualités qui le caractérisent. Ce n'est qu'en procédant ainsi qu'Halévy a évité le danger de s'égarer faute d'un style quelconque. Et ce n'est pas un instinct aveugle, c'est la réflexion qui l'a conduit là.

Ce style consiste à tâcher de produire au-dehors, avec le plus de clarté et de succès possible, ce qui se passe en nous, sous des formes en harmonie avec l'esprit du temps. Or, à mesure que l'artiste se subordonne aux impressions de son époque et s'efface devant elle, il est clair que son style doit perdre en indépendance et en valeur; mieux au contraire il saura exprimer son intuition intime, individuelle, plus le style s'ennoblira et s'élèvera. Le maître qui a la conscience complète de son intuition pourra seul frapper le style de son époque d'une empreinte puissante et durable. D'un autre côté, l'artiste qui connaît toute l'importance du style pourra seul révéler complètement ses impressions et ses idées.

On voit par là qu'il s'ouvre deux fausses routes où une époque peut s'engager. Les compositeurs peuvent s'affranchir de tout style, ou bien il arrive que le style, en se généralisant, devient maniéré: là où ces deux aberrations se manifestent, on peut admettre comme chose certaine que la décadence de l'art musical est imminente. Presque tous les jeunes compositeurs contemporains se sont égarés dans une de ces deux voies, et c'est sans doute la mollesse, l'indolence avec laquelle la plupart d'entre eux se laissent aller à la manière, qui est cause qu'ils n'ont point subi l'influence de la brillante énergie avec laquelle Halévy vient de pousser le style du grand-opéra français dans une route nouvelle.

C'est là un phénomène d'une importance affligeante, et je crois devoir en rechercher les causes et m'expliquer à cet égard avec une entière liberté; cela est d'autant plus nécessaire que je ne me souviens pas que jusqu'à présent on ait accordé à cette circonstance l'attention qu'elle mérite. On ne saurait nier que, depuis l'époque où le talent d'Auber fleurit dans tout son éclat, la musique française, à laquelle il a imprimé un nouvel essor avec autant de puissance que de bonheur, ne se soit corrompue et ne soit déchue de jour en jour. Pour arriver tout de suite au dernier degré de décadence et de dégénérescence, il suffira de signaler les misérables productions qui composent, conjointement avec les chefs-d'œuvre du génie français, le répertoire de l'Opéra-Comique. On a peine à concevoir qu'une telle constitution naturelle, où même les plus jeunes d'entre nous ont eu l'occasion de saluer le joyeux avènement d'œuvres de premier ordre, paraisse être condamnée à produire au grand jour, de mois en mois, de piteuses rapsodies (à part quelques exceptions peu nombreuses) que le goût le plus énervé ne saurait trouver supportables. Comme ce qui les caractérise, c'est surtout la nullité la plus absolue, le manque total de force et d'inspiration, on doit être d'autant plus surpris que ces compositions soient beaucoup moins l'œuvre de maîtres qui se survivent, que de jeunes gens sur lesquels repose l'avenir de la musique en France. Qu'on ne nous parle pas de l'épuisement d'Auber! Sans doute ce maître illustre est parvenu à l'extrême limite de sa carrière artistique, où la puissance créatrice doit s'arrêter, où elle ne saurait se renouveler; où l'artiste doit restreindre ses efforts à se maintenir au point où il est parvenu, et à conserver sa gloire intacte. Sans doute c'est la position la plus périlleuse pour un artiste, vu qu'elle penche vers le déclin; et si cette persévérance à se retrancher dans un système de productions arrêté et immuable doit conduire inévitablement à la monotonie, et restreindre la sphère du compositeur, nous devons reconnaître d'un autre côté que nul ne sait, comme Auber, donner la vie et la grâce aux formes inventées par lui, les construire, les polir et les façonner avec une sûreté et une perfection merveilleuses. Avant tout et toujours, c'est précisément la considération que ces formes ont été inventées par lui, qui nous inspire la plus profonde estime pour son beau talent, et on lui accorde volontiers d'employer exclusivement des formes qui lui sont familières à juste titre.

Mais si éloignés que nous soyons de signaler Auber comme le corrupteur du goût musical, on ne saurait nier que le style créé par lui, ainsi que nous l'avons exposé plus haut, ne paraisse avoir perdu nos jeunes compositeurs à tout jamais. Il semble qu'ils n'ont rien compris à sa manière, sinon les procédés mécaniques, et que c'est là tout ce qu'ils ont trouvé digne d'être imité. Quant à l'esprit, la grâce, la fraîcheur, qui vous enchantent dans les productions du maître, vous n'en trouvez pas l'ombre chez ses copistes.

Maintenant que nous savons à quoi nous en tenir sur les contemporains, ou les successeurs d'Auber, comme vous voudrez les appeler, et que nous avons constaté l'impuissance et la faiblesse qui les caractérisent, nous pourrions nous expliquer facilement pourquoi aucun d'eux n'a osé s'engager dans la route si glorieusement frayée par Halévy dans *la Juive* malgré tous les bruyants applaudissements qui ont salué cette œuvre capitale. Nous l'avons dit, ce qui forme le trait distinctif du talent d'Halévy, c'est l'intensité de la pensée, l'énergie concentrée; or, ces qualités et la richesse exubérante des formes dans lesquelles elles se manifestent, et qui sont tout à la fois indépendantes et travaillées avec le plus grand soin, tout cela écrasait cette race de pygmées, auxquels la musique ne semble s'être révélée que sous la forme de la mesure à trois-huit, de couplets et de quadrilles. Si donc ils ne reconnurent point que c'était en se jetant hardiment dans cette nouvelle carrière qu'ils devaient chercher leur salut, nous en trouverons la raison dans la profonde démoralisation artistique dans laquelle ils sont tombés dès le premier jour où ils entrèrent dans la carrière des arts; car avec un peu de verve, un peu d'essor dans l'âme, ils se seraient élancés sur les traces de l'auteur de *la Juive*.

Mais si Halévy n'a pas exercé une puissante action sur les artistes qui l'entourent, qu'il porte ses regards sur l'Allemagne. Les Allemands, qui abandonnent facilement et volontiers leurs scènes aux étrangers, s'étaient complus à apprécier jusque dans les plus minces détails la musique voluptueuse de Rossini; puis ils se prirent d'enthousiasme aux ravissantes mélodies de *la Muette de Portici* et ils ne voulurent plus entendre sur la scène que la musique française, qui avait dès lors détrôné la musique italienne. Toutefois, il ne vint à l'idée d'aucun compositeur allemand de choisir un modèle parmi les Français ou les Italiens, d'écrire dans le goût d'Auber ou de Rossini. Dans leur loyauté exempte de préjugés, ils accueillirent ce qui leur venait du dehors, et en jouirent avec reconnaissance. Mais l'œuvre de l'étranger n'était appréciée que comme telle, et leur resta étrangère: elle n'eut point prise sur leur façon de penser, de sentir et de produire. La musique d'Auber, précisément parce qu'elle était fortement empreinte de l'esprit de nationalité, a bien pu électriser le public allemand, mais sans éveiller les sympathies complètes que nous éprouvons pour une production à laquelle nous livrons sans réserve notre âme et nos facultés. Voilà comment il faut expliquer ce fait assez bizarre, que pendant longtemps sur les théâtres de l'Allemagne on n'ait à peu près entendu que de la musique française, sans qu'un seul compositeur ait manifesté l'intention de se familiariser avec le style et les brillantes ressources de cette école; et pourtant les artistes pouvaient espérer, en suivant cette voie, de répondre aux exigences momentanées du public.

Tout au contraire, *la Juive* d'Halévy fit une forte et double impression en Allemagne: non seulement la représentation de cette œuvre constata la puissance qui ravit et qui secoue l'âme profondément, mais elle sut éveiller ces sympathies internes et externes qui dénotent la parenté. Ce fut avec un étonnement plein de bonheur et à sa grande édification, que l'Allemand reconnut dans cette création, qui renferme d'ailleurs toutes les qualités qui distinguent l'école française, les traces les plus frappantes et les plus glorieuses du génie de Beethoven, et en quelque sorte la quintessence de l'école allemande. Mais quand même cette parenté ne se fût pas manifestée tout d'abord d'une manière si évidente, le style d'Halévy, dans sa diversité, dans son universalité, tel enfin que nous avons essayé de le caractériser plus haut, eût suffi pour donner à *la Juive* une haute importance aux yeux du musicien allemand. Car ce furent précisément les qualités inhérentes à la manière d'Auber, qualités souvent brillantes, mais qui, dans tous les cas, sont restreintes à une sphère très étroite, qui détournèrent les Allemands de l'imitation de ce compositeur. Le style d'Halévy qui se meut avec plus de liberté, l'énergie passionnée qui se révèle dans sa musique, lui donnent une puissante influence sur les facultés musicales des Allemands. Par cette action sympathique, elle leur a montré comment ils pourront paraître de nouveau dans le domaine du drame musical, — qu'ils semblaient avoir abandonné complètement, — sans renoncer à leur individualité, sans choquer le génie national, et en effacer le caractère par l'imitation d'un *faire* étranger. Les choses mûrissent lentement en Allemagne, et la mode y exerce peu d'influence sur les productions de l'art. Toutefois, dans plus d'un ouvrage publié récemment, on reconnaît déjà clairement qu'une époque nouvelle s'annonce pour la musique dramatique de nos voisins. Quand le temps sera venu, nous montrerons jusqu'à quel point l'influence exercée par Halévy y aura contribué. Nous nous bornerons à faire observer pour le moment que cette influence sera plus sensible que celle-là même qui part des coryphées modernes de l'école allemande actuelle, parmi lesquels Mendelssohn-Bartholdy est sans contredit le plus remarquable; c'est en lui que la véritable nature allemande se révèle de la manière la plus caractéristique. Le genre d'esprit, d'imagination, toute la vie intérieure enfin, qui se révèlent dans ses compositions instrumentales si finies dans les plus petits détails, la quiétude pieuse que respirent ses compositions religieuses, tout cela est profondément allemand, mais cela ne suffit pas pour écrire de la musique dramatique; cette piété paisible et résignée est même en opposition directe avec l'inspiration qu'exige le drame. Pour écrire un opéra, il faut au compositeur des *passions fortes et profondes*, et de plus il doit posséder la faculté de les peindre *vigoureusement et à grands traits*. Et voilà précisément ce qui manque à Mendelssohn-Bartholdy: aussi, quand ce compositeur distingué a voulu s'essayer dans le drame, est-il resté au-dessous de lui-même.

Ce n'est donc pas de ce côté qu'on peut espérer voir partir une action énergique et féconde qui puisse vivifier de nouveau la musique dramatique en Allemagne. L'impulsion donnée par Halévy, provenant d'un talent étranger à la vérité, mais qui a une affinité intime avec l'esprit allemand, aura des résultats bien autrement décisifs. Et pour qui sait apprécier la solidité, la dignité de la musique allemande, l'influence exercée sur une de ses branches les plus importantes par l'auteur de *la Juive* ne sera pas un de ses moindres titres à sa gloire.

C'est un motif de plus pour regretter que nos jeunes compositeurs français n'aient pu trouver la force de suivre les traces de l'auteur de *la Juive*. Et ce qu'il y a de plus déplorable, c'est qu'ils ont eu la lâcheté de subir l'influence des compositeurs italiens à la mode. Je dis *lâcheté*, parce qu'en effet ce me semble une faiblesse coupable et honteuse de renoncer à ce que l'on trouve de bien dans son propre pays, pour singer les médiocrités étrangères, et cela sans autre motif que de profiter d'un moyen facile et commode de surprendre la faveur passagère de la masse inintelligente.

Tandis que les *maestri* italiens, avant de paraître devant le public parisien, se livrent à de sérieux travaux, afin de s'approprier les grandes qualités qui distinguent l'école française; tandis qu'ils s'appliquent sérieusement (ainsi que Donizetti l'a prouvé récemment et à son grand honneur dans *la Favorite*) à se conformer aux exigences de cette école, à donner plus de fini et plus de noblesse aux formes, à dessiner les caractères avec plus de précision et d'exactitude, et surtout à se débarrasser de ces accessoires monotones et mille fois usés, de ces ressources triviales et stéréotypées dont l'abondance stérile caractérise la manière des compositeurs italiens de notre époque; tandis que ces *maestri* dis-je, par respect pour la scène où ils veulent se produire, font tous leurs efforts pour retremper et ennoblir leur talent, les adeptes de cette école si respectée préfèrent ramasser ce que ceux-là jettent loin d'eux avec un sentiment de pudeur et de mépris. S'il ne s'agissait que d'amuser les oreilles du public par la voix de tel virtuose ou de telle cantatrice en faveur, — n'importe ce qu'ils chantent, et en ne tenant compte que de l'exécution, — ce serait un assez bon calcul de la part de ces messieurs de chercher à satisfaire de la manière la plus commode du monde (c'est-à-dire à la manière italienne) aux exigences d'un public assez peu difficile pour n'en point demander davantage. Il est vrai que, dans ce calcul, le but auquel doit s'attacher tout véritable artiste, celui d'ennoblir et d'élever l'âme par la jouissance, n'entrerait pour rien. Mais l'expérience nous prouve que ce serait commettre une criante injustice envers le public des deux Opéras de Paris, que de lui attribuer un goût si peu éclairé et si facile à contenter. Les jugements du parterre du Grand-Opéra font loi dans le monde musical, et la foule qui se presse aux représentations de *Richard-Cœur-de-Lion* donnerait un démenti accablant à une pareille assertion. Sans doute il se trouve des gens, et même des gens d'esprit et de goût, qui sont tout fiers de vous dire que Rossini est le plus grand *génie* musical de notre temps. Oh! sans doute, beaucoup de circonstances se réunissent pour prouver que Rossini est un homme de génie, surtout quand on met en ligne de compte l'immense influence qu'il a exercée sur son époque. Mais on ferait mieux de garder le silence, et de ne pas exalter outre mesure la grandeur de cet homme de génie. Il y a le bon et le mauvais génie: tous les deux proviennent de la source de ce qui est divin et répand la vie, mais leur mission n'est pas la même...

Revenons maintenant au public des deux scènes lyriques françaises de la capitale. Je crois pouvoir prétendre à bon droit que c'est le public le plus éclairé, le plus impartial du monde, n'ayant de préférence que pour les bonnes choses. Il peut montrer de l'indulgence pour les aberrations où se sont fourvoyés nos jeunes compositeurs, mais rien ne constate qu'il les ait jamais encouragées sérieusement ou imposées. L'impuissance et la faiblesse de ces messieurs n'en seraient que plus inexplicables, et l'avenir de la musique en France se montrerait à nous sous des couleurs encore plus sombres, s'il était vrai que les affiches nous fissent connaître les noms des seuls artistes auxquels le ciel eût confié la mission de soutenir l'honneur de l'école française. Mais nous avons toute raison de croire que les affiches ne nous font connaître que la triste élite de compositeurs-aspirants qu'un concours fortuit de circonstances bizarres a mis en évidence, et que l'élite véritable, dans la capitale et en France, lutte obscurément contre la misère et la faim, et se consume en vains efforts pour arriver aux portes de ces grands établissements de commerce artistique. Ces portes s'ouvriront quelque jour aux vrais talents; et qu'alors tous ceux qui ont à cœur les intérêts du grand et véritable drame musical, prennent Halévy pour modèle.

C'est dans *la Reine de Chypre* que la nouvelle manière d'Halévy s'est manifestée avec le plus d'éclat et de succès. Dès les premières lignes de ce travail, j'ai eu occasion d'exposer les conditions auxquelles, selon moi, est soumise la production d'un bon opéra, en indiquant les obstacles qui s'opposent à ce que ces conditions soient remplies complètement et en même temps par le poète et par le compositeur. Quand ces conditions se réalisent, c'est un événement d'une haute importance pour le monde artistique. Or, dans ce cas-ci, toutes les circonstances se sont réunies pour amener la création d'une œuvre qui, même aux yeux de la critique la plus sévère, se distingue par toutes les qualités qui constituent un bon opéra, tel que nous avons tâché de le définir.

Nous n'avons point à examiner en détail le livret de *la Reine de Chypre*. Toutefois, pour être à même d'apprécier et de caractériser plus exactement le mérite de la partition, il faut préalablement signaler, dans le poème, ce qui devait lui donner de l'importance aux yeux du compositeur. Avant tout, je crois devoir faire remarquer que, par un singulier bonheur, le poète a su donner aux éléments constitutifs de son action une couleur telle que le musicien pouvait la souhaiter. Si j'ai bien saisi le sens poétique du livret, le drame se fonde sur un conflit entre les passions humaines et la nature. Tout d'abord nous sommes frappés du contraste que l'égoïste Venise et son terrible Conseil des Dix forment avec l'île charmante que l'antiquité avait consacrée à Vénus. De la triste et sombre cité nous sommes transportés dans les bois enchanteurs de Chypre. Mais, à peine soulagés de l'anxiété qui nous oppressait, avons-nous respiré un air doux et voluptueux que dans l'envoyé du Conseil des Dix, dans cet assassin froidement cruel, nous retrouvons avec effroi le principe destructeur. Au milieu de ce conflit redoutable surgit la noble nature de l'homme, se fiant aux deux étoiles qui le guident ici-bas, *l'amour* et *la foi*, luttant courageusement contre le génie infernal, et quoique sacrifié, restant vainqueur; voilà comment nous comprenons cette admirable figure de Lusignan.

Quel magnifique et poétique sujet! de quel enthousiasme il dut enflammer l'âme d'un compositeur qui a, comme Halévy, une si haute idée de la dignité de son art!

Voyons maintenant par quels moyens il a réussi à nous communiquer cet enthousiasme.

L'opéra d'Halévy se compose, dans sa forme extérieure, de deux parties distinctes, déterminées par le lieu où se passe la scène. Or, la différence caractéristique du lieu de la scène n'a jamais eu plus d'importance que dans ce drame, où elle donne une empreinte particulière tant à l'action qu'aux formes sous lesquelles elle se manifeste. Pour peu que vous prêtiez l'oreille aux accents d'Halévy, vous comprendrez comment on peut exprimer par les sons cette diversité locale: en ceci il a même surpassé le poète.

La toile se lève. Nous sommes à Venise, au milieu de palais et de canaux: ni arbres ni champs verdoyants ne se montrent à nos regards ni même à notre imagination. Il y a pourtant une fleur qui croît en ces lieux, c'est l'amour de Gérard et de Catarina. Frais et pur comme la brise du soir, glisse vers nous le chant si simple et si joyeux par lequel Gérard annonce de loin sa venue à l'amante qui l'attend. Il y a là un élan de désir tendre et naïf, et en même temps une décision courageuse qui nous initient au caractère du jeune homme. Pour concilier tout d'abord nos sympathies aux deux amants, le compositeur a mis tout ce que son art a de plus enchanteur dans le duo où ils exhalent les sentiments qui les enivrent. Le jour sombre sur lequel se dessinent ces deux charmantes figures apparaît même à travers ces chants si brillants et si éclatants de bonheur comme un nuage sinistre, et leur communique un caractère particulier d'intérêt mélancolique. Rien n'égale en noblesse et en grâce la magnifique mélodie de la dernière partie de ce duo. La disposition et l'intention de ce thème seul suffiraient pour constater ce que j'ai dit plus haut, au sujet de la mélodie dramatique, telle que la comprend Halévy. Avec cette gracieuse tendresse, et quoiqu'elle soit parfaitement claire et qu'elle se comprenne à l'instant, cette mélodie est exempte, de toute manière, de toutes ces coupes arrêtées auxquelles ceux de nos auteurs contemporains, qui visent à la popularité *quand même*, ont coutume d'assujettir ces sortes de motifs; elle est disposée de manière à ce que l'on ne puisse lui assigner aucune origine, ni française, ni italienne, ni autre; elle est indépendante, libre; elle est dramatique dans toute l'acception du terme.

Cette gracieuse scène d'amour qui éveille des sentiments si doux, est en quelque sorte consacrée par le trio suivant entre les précédents et le père de Catarina. On dirait que tous deux, poète et compositeur, ont voulu nous faire oublier que nous sommes à Venise, en nous peignant sous des couleurs ravissantes un bonheur qui ne devait pas se rencontrer souvent dans les palais de cette dure et orgueilleuse aristocratie vénitienne. La prière: *Ô vous, divine Providence!* est une hymne de reconnaissance qui monte vers le ciel du coeur de mortels heureux. L'apparition de Mocénigo nous révèle l'intention du poète: il ne pouvait produire un plus puissant effet qu'en faisant paraître le prophète de malheur au moment même où nos cœurs s'abandonnent à la quiétude où nous ont plongés les scènes précédentes. Cet effet, le compositeur a le mérite de l'avoir rendu par des moyens très simples, sans aucune bizarrerie ni affectation. Toute cette scène est de main de maître, ainsi que la suivante entre Mocénigo et Andréa. Ici se présentait une grande difficulté. En effet, il ne s'agissait point d'exprimer l'énergie fougueuse des passions; il fallait peindre la réserve, la tranquillité froide et calculée dont s'enveloppe l'ambition. Ce qu'il y a de sombre et de terrible dans ce Mocénigo qui va porter le trouble au sein de tant de bonheur, dans cet impitoyable représentant d'une corporation puissante, ne pouvait être plus heureusement caractérisé que nous ne le trouvons dans cette scène. On ne sait ce qu'on doit admirer le plus, de la simplicité des moyens que le compositeur a mis en usage, ou de ce tact si sûr qui l'a décidé à faire choix de moyens aussi simples. Ce qui prouve que l'auteur procède ainsi à bon escient, c'est qu'il fait un usage très modéré de l'orchestre: il a prudemment renoncé à tous ces éclats d'une instrumentation bruyante, qu'il manie pourtant avec une supériorité incontestable; et c'était, en effet, par cette sobriété seule qu'il pouvait arriver à conserver a cette situation son expression dramatique. Le passage où l'orchestre caractérise si heureusement cette politique sombre et insidieuse du Conseil des Dix, et qui se répète en légers échos dans différents endroits de la partition, se fait remarquer de plus par un certain vide dans l'harmonie, avec lequel le chant si animé, si entraînant d'Andréa: *Eh quoi! vouloir qu'ainsi je brise*, forme un beau contraste, et complète le tableau caractéristique que présente cette scène.

Le finale du premier acte, où toutes les passions se déchaînent comme une tempête, est un de ces chefs-d'œuvre où le talent d'Halévy se déploie dans toute sa puissance. L'énergie grandiose avec laquelle le compositeur a coutume d'exprimer les violentes émotions de l'âme, se concentre ici dans un air magnifique pour voix de basse: dans les premières notes, la colère des partisans de Gérard se peint avec force et fierté; puis le mouvement rythmique s'accélère de plus en plus, et exprime admirablement l'exaltation successive de la passion. Sous le rapport purement musical, le finale offre d'ailleurs une foule de traits nouveaux.

Le commencement du second acte, qui nous montre le côté romantique de Venise, est une des conceptions les plus originales qui soient jamais sorties de la plume d'Halévy. L'introduction musicale avec le pizzicato incessant et monotone des violoncelles, et les accords pleins de rêverie des instruments à vent, forme, avec le chœur des gondoliers, un ensemble qui nous enivre d'un charme irrésistible. Le chœur des gondoliers est un morceau de chant où la nature est prise sur le fait: il y a là une simplicité grandiose et naïve d'un effet enchanteur. Toutes ces barcarolles rythmées à la moderne, d'une harmonie si piquante dont fourmillent nos opéras, du moment que la scène se passe en Italie, que sont-elles auprès de ce morceau si naturel, où pour la première fois se révèle dans toute sa vérité le caractère primitif des vigoureux enfants de la *Chioggia*, qui gagnent leur pain à ramer sur les canaux de Venise?

La scène suivante a beaucoup d'animation dramatique. La mélancolie voluptueuse dans laquelle s'est affaissée la douleur de Catarina est rendue avec un charme touchant dans l'adagio; le chant respire une mollesse qui répand dans nos cœurs un calme bienfaisant. Puis sa douleur se réveille avec une force nouvelle: Catarina s'adresse au ciel pour lui demander des consolations. Puis quand elle trouve les lignes tracées par la main de son amant, son cœur renaît à l'espoir; sa joie, sa gratitude, l'anxiété avide avec laquelle Catarina attend son bien-aimé, tout cela ne pouvait être rendu avec plus de vérité et d'énergie. L'auteur nous semble avoir été surtout heureux dans le motif principal de l'allégro.

L'apparition de Mocénigo, du démon qui doit toujours et partout troubler le bonheur des deux amants, produit également ici le plus heureux effet. Les terribles paroles qu'il fait entendre sont parfaitement caractérisées par l'accompagnement de l'alto et du violoncelle. L'arrivée de Mocénigo prépare la scène suivante entre Gérard et Catarina, une des plus saillantes qui soient au théâtre. Je signalerai surtout la grâce ravissante de l'air de Gérard, à son entrée: *Arbitre de ma vie*, ainsi que le motif dans lequel Catarina, quand Gérard vient de lui déclarer qu'il ne l'aime plus, exhale sa douleur, douleur contenue, mais qui n'en est que plus intense; le compositeur place dans la bouche de l'infortunée des accords si doux et si suavement touchants, qu'ils vous navrent le cœur, et font plus d'effet qu'on n'en obtiendrait avec les sons discordants et les cris.

Quel merveilleux changement voyons-nous s'opérer au commencement du troisième acte! C'est ici qu'a lieu la transposition du lieu de la scène, dont je parlais plus haut, et à laquelle j'assignais une si grande importance. Dès ce moment, le souffle d'une inspiration nouvelle anime la musique; ce qu'elle peint, c'est la beauté, le bonheur, la nature dans sa richesse luxuriante: le contraste avec le premier acte est complet. L'air joyeux du chœur des seigneurs cypriotes, *Buvons à Chypre*, nous place tout à coup dans une sphère nouvelle: ce chœur abonde en vibrations mélodiques, c'est, d'un bout à l'autre, une verve de gaieté et de jouissance insouciante. Le chant des Vénitiens ne manque pas non plus de charme, mais il respire en même temps la moquerie haineuse et l'orgueil. Les caractères si opposés des Vénitiens et des Cypriotes sont heureusement fondus dans ce qui suit, et la frivolité qui est commune aux uns et aux autres est parfaitement caractérisée dans le chœur du jeu. Les couplets de Mocénigo: *Tout n'est dans ce bas monde*, sont d'une beauté incomparable, et se rattachent à l'ensemble sans affectation et sans en interrompre le rythme; il n'y a rien de trivial, de commun: l'expression de légèreté gracieuse, que n'exclut point la noblesse, fait de ces couplets le modèle du genre. La sensualité, le désir effréné de jouir qui forment le caractère distinctif de tout ce tableau, atteignent leur point culminant dans le *chœur dansé* qui suit. On voit que le compositeur a voulu se surpasser ici lui-même, en prodiguant tout ce que son talent lui fournissait de richesses mélodiques: le délire de l'orgie ne saurait être rendu avec des couleurs plus enivrantes. Par une transition qui forme un contraste très marqué, nous arrivons au grand duo final entre Lusignan et Gérard. Combien ce morceau diffère sous tous les rapports de ce qui précède! L'enthousiasme chevaleresque, une noblesse toute virile, se peignent dans ce passage, un des plus importants de la partition; car c'est à partir de ce point que l'intérêt tragique se manifeste et prend une direction décisive. La romance pathétique: *Triste, exilé sur la terre étrangère*, qui est si bien en harmonie avec les moyens des deux chanteurs, est une perle précieuse dans la riche parure de cette partition. Tout ce que la sensibilité a de plus profond, tout ce que le courage chevaleresque a de plus mâle et de plus exalté sont fondus ici en une seule et même mélodie avec un art sans égal, dont la simplicité des moyens rehausse encore le mérite. En général on ne saurait trop louer Halévy de la fermeté avec laquelle il résiste à toutes les tentations d'*escamoter* des applaudissements faciles, en s'en remettant avec une confiance aveugle au talent des chanteurs, comme font tant de ses confrères. Au contraire, il tient à ce que les virtuoses, même le plus en renom, se soumettent aux hautes inspirations de sa muse; c'est ce qu'il obtient par la simplicité et la vérité qu'il sait imprimer à la mélodie dramatique. Au quatrième acte, une magnificence, une splendeur extraordinaires se déploient à nos regards. Nous avons vu dans *la Juive* qu'Halévy s'entend fort bien à donner à la pompe théâtrale un sens noble et caractéristique; toutefois, dans *la Reine de Chypre* il procède autrement. La pompe scénique, dans le premier de ces opéras, reçoit, par l'accompagnement musical, une teinte de fanatisme religieux propre au moyen-âge; dans *la Reine de Chypre*, elle reflète au contraire les transports joyeux d'un peuple qui croit saluer dans la jeune reine le gage de la paix et du bonheur. L'aspect de la mer, la richesse méridionale du paysage, tout contribue à rehausser l'éclat de la fête. C'est dans ce sens, ce me semble, que l'on doit expliquer le chant des matelots quand le vaisseau aborde au rivage. Mais c'est surtout la prière: *Divine Providence* qui achève de donner au tableau un caractère individuel. Cette prière est un morceau d'un mérite inappréciable: dès les premières mesures chantées par le ténor, on se rappelle involontairement ces processions pieuses que l'on voit parfois s'avancer dans la campagne avec croix et bannière. La sérénité, qui s'allie dans ce morceau à la ferveur religieuse, forme un contraste frappant avec les sombres mélodies chantées par les moines et les prélats dans la procession du concile de Constance.

L'air de Gérard qui vient après les cérémonies est d'un puissant effet: chaque mesure est empreinte d'une expression dramatique et qui émeut profondément; les divers sentiments qui viennent successivement agiter son cœur sont parfaitement rendus; un souffle mélodique continu règne dans tout ce morceau. Un des motifs les plus heureux est celui du dernier allégro: *Sur le bord de l'abîme*; il était facile de manquer la couleur mélodique de ce passage, à cause de l'émotion extrême qui s'y révèle. Le compositeur est d'autant plus digne d'admiration, pour avoir mis le chant en harmonie avec la vérité de la passion. L'allure rapide et énergique du finale, l'art avec lequel les sentiments les plus divers viennent se confondre dans le motif principal, constatent de nouveau la supériorité avec laquelle Halévy traite les morceaux d'ensemble.

Que dirai-je enfin du cinquième acte, dans lequel le poète ainsi que le musicien semblent s'être concertés pour atteindre aux effets les plus merveilleux de leur art? On ne saurait trouver un tableau plus touchant, plus noblement pathétique. L'air chanté par Catarina près du lit de mort du roi, les accents qu'il adresse à son épouse découlent des sources les plus intimes du cœur humain; nulle parole ne saurait peindre ce qu'il y a là de douleur vraie et déchirante. Le duo entre Gérard et Catarina commence par une excellente introduction, et se soutient à la même hauteur jusqu'à la fin. Le motif principal: *Malgré la foi suprême*, a beaucoup de vérité et d'expression; la gradation de ce motif est fortement accentuée, et produira toujours le plus grand effet.

Toutefois, le morceau le plus sublime de la partition c'est le quatuor: *En cet instant suprême*. Ici, plus que partout ailleurs, le talent d'Halévy se montre dans toute son individualité; le grandiose s'allie au terrible, et une mélancolie tout élégiaque répand comme un crêpe funèbre sur cette scène solennelle, disposée d'ailleurs avec cette clarté, cette simplicité, qui sont propres aux grands maîtres.

Que si nous jetons un dernier regard sur l'ensemble de *la Reine de Chypre*, si nous en examinons avec soin les qualités les plus saillantes et les plus caractéristiques, nous trouverons d'abord que l'auteur continue à s'avancer dans la route qu'il a frayée dans *la Juive*, puisqu'il s'attache de plus en plus à simplifier ses moyens. Cette tendance qui se révèle chez un compositeur doué de forces exubérantes qui auraient pu l'amener plutôt à douter de l'efficacité des moyens déjà en usage, est d'une grande importance; elle prouve de nouveau qu'il n'y a que ceux qui font abus de ces moyens qui les trouvent insuffisants; que l'artiste doit chercher ses richesses dans la puissance créatrice de son âme. C'est vraiment un beau spectacle que de voir comment Halévy, tout en restreignant ses moyens à dessein, comme il est facile de le remarquer, a réussi à obtenir une si grande variété d'effets, sans compter que par là il rendait ses intentions d'autant plus claires et plus intelligibles. Au reste, les procédés qu'Halévy a employés et l'influence qu'ils exercent sans doute sur l'art contemporain, ont trop d'importance pour ne nous en occuper qu'ainsi en passant. Nous nous réservons de revenir une autre fois sur ce sujet, et de le traiter avec toute l'attention qu'il mérite.

FIN

UltraLetters vous invite à lire ou relire...

Collection Classiques

Hans Christian Andersen, *Contes d'Andersen*
Charles Baudelaire, *Pauvre Belgique!*
Henri Bergson (œuvres majeures)
    1. *Essai sur les données immédiates de la conscience*, 1889
    2. *Matière et Mémoire*, 1896
    3. *Le Rire. Essai sur la signification du comique*, 1899
    4. *L'Évolution créatrice*, 1907
    5. *L'Énergie spirituelle*, 1919
    6. *Durée et simultanéité*, 1922
    7. *Les Deux Sources de la morale et de la religion*, 1932
    8. *La Pensée et le mouvant*, 1934
Lewis Carroll,
    Alice au pays des merveilles (illustré)
    Alice au pays des merveilles (édition bilingue anglais-français)
Hendrik Conscience, *De Leeuw van Vlaanderen (édition néerlandaise)*
James Fenimore Cooper, *Le Dernier des Mohicans*
Charles Darwin, *L'Origine des espèces*
Charles Dickens, *A Christmas Carol (édition bilingue anglais-français)*
Erasme, *Eloge de la folie*
Gustave Flaubert,
    L'éducation sentimentale
    Madame Bovary
    Salammbô
Frères Grimm, *80 contes*
Jerome K. Jerome, *Three Men in a Boat (édition bilingue anglais-français)*
Comte de Lautréamont, *Les Chants de Maldoror, suivi de Poésies I et II*
Gustave Le Bon, *Psychologie des foules*
Camille Lemonnier, *Un Mâle*
Jack London,
    The Call of the Wild (édition anglaise)
    Love of Life (édition bilingue anglais-français)
Nicolas Machiavel, *Le Prince*
Karl Marx & Friedrich Engels, *Manifeste du parti communiste*
Thomas More, *L'Utopie*
William Shakespeare, *Roméo et Juliette*
Sophocle, *Antigone (édition anglaise)*
Robert Louis Stevenson, *Dr. Jekyll et Mr. Hyde (édition bilingue anglais-français)*
Sun Tzu, *L'Art de la guerre*
Oscar Wilde,
    L'Âme humaine sous le régime socialiste
    Le Crime de Lord Savile et autres contes
    Le Portrait de Dorian Gray

The Picture of Dorian Gray (édition anglaise)
The Picture of Dorian Gray (édition bilingue anglais-français)
The Soul of Man under Socialism (édition bilingue anglais-français)
Arthur Young, *Voyages en France: En 1787, 1788, 1789 et 1790*
Richard Wagner, *Dix écrits de Richard Wagner*

Collection Humour

Jean Aymard de Vauquonery, *Mémoires d'un amnésique*

Ultraletters

www.ingramcontent.com/pod-product-compliance
Lightning Source LLC
Chambersburg PA
CBHW071516040426
42444CB00008B/1677